JN097561

初任者教師の

スタプロ

バッチリ授業技術編

山崎克洋
監修

渡辺真喜
編著

東洋館出版社

はじめに

　日本における新入社員の研修期間の平均は約3ヶ月と言われています。

　また、医療の分野では研修医としての期間は約2年です。命を預かるからこそ、専門的なスキルを先輩からしっかりと学び、現場に立ちます。

　さて、専門職である教師の研修期間は一体どれくらいでしょうか？

　4月1日、現場に行った日、「あなたは〇年〇組の担任です」と言われます。

　つまり実質0日です。

　もちろん、初任者は年間を通して研修があります。

　しかし、それは教師をしながらの『ながら研修』であり、子どもたちは研修を大して受けていない人から、教育を受けることになります。

　これは、子どもにとっても、そして、教える教師にとっても不幸です。

　もちろん、大学で教員免許を取得していますから、教育についての情報はもっているはずです。

　しかし、現場で本当に使える教育技術や考え方を大学は教えているでしょうか？

「4月のスタートで何を話せばいいの？」

「朝の会ってどうするの？」

「給食・掃除の指導ってどうするの？」

「保護者対応はどうしたらいいの？」

　多くの教師が、新卒の頃、わからないことだらけだったはずです。

　この大学の教員養成のおかしな仕組み、おかしな初任者研修制度に、私は学生の頃からずっと疑問をもっていました。

　そこで、これらを改革するプロジェクトとして、『初任者のためのスタートアッププロジェクト』（通称スタプロ）を立ち上げることにしました。

　全国の実力派の先生方に無料で講師になっていただき、約3ヶ月間に渡って

実施されたスタプロは、総勢100名の初任者・初担任の方にご参加いただきました。

　たくさんの方の支えのお陰で、『初任者が少しでもハッピーに１年間を過ごせるためのサポートをする』という目的を達成することができ、無事１年目の活動を終えました。

　そんな、スタプロ１年目の活動が終わるにあたり、東洋館出版社さんより、「ぜひ初任者を応援する本を出しませんか？」とお誘いがありました。

　私たちの目的である、『初任者が少しでもハッピーに１年間を過ごせるためのサポートをする』ことにも合致する内容だと考え、講師メンバーが中心となって執筆することになりました。

　また、せっかく初任者・初担任の方が100名参加してくださった企画だからこそ、スタプロ参加者の生の声を、この本に掲載したいと考えました。

　彼らが実際に１年目に何に悩み、何を考え、何にやりがいを感じたのか。

　彼らの生の声を出発点とした、初任者に寄り添った本になりました。

　教師の多岐に渡る仕事の中から、学級経営、授業技術、仕事術、この３つのカテゴリーに分けて３冊セットでの発刊となります。

　これから教師になる初任者はもちろん、教師として働く土台をしっかりと身につけたいすべての若い先生方に、この本が支えとなることを本願っています。

スタプロリーダー　山崎克洋

学びは自分からつかむ

　4月初め、職員会議や、研修等の連続で学級事務や教材研究の時間を私はあまりとれませんでした。初めてのことばかりで見通しをもつことができませんでした。そんななか迎えた始業式。不安もありましたが、これまで学んできたことが私を支えてくれたように思います。

学びの場に参加する

　私が学生だった頃、「スタプロ」に出会いました。そこでの学びは、授業や学級経営に関わるものはもちろん、考え方や働き方を豊かにするものなど多岐にわたるものでした。現場に出て働く不安から参加したということもあり、そこに集まる仲間と学ぶことも楽しみでした。また、地元で行われるセミナーやオンラインで行われる学習会などにも積極的に参加するようにしました。今もこのような学びの場に参加し、自己研鑽を積んでいます。

代案を求める

　子どもたちと出会って4日目のこと。クラスの女子からトイレのスリッパについて報告がありました。2つの学年が共有して使っているトイレです。指導をしなければと思いスリッパの写真を見せながら、「これはもったいない。自分たちをよくするために、人を大切にするために、スリッパ一つでも意識するようにしましょう」という旨の指導をしました。この指導が最適解だったのかと言われるとそうは思いません。どのように対応すればよかったのかSNSでつながっている先生方に相談をしたところ、「1回目の指導は、まったく関係のない子

にとっては苦しい時間となると思うので、教えてくれた人のよさを伝え、気持ちよく過ごすために気をつけたいね、程度の指導に留めておく」「明日のスリッパの並べ方を見ておくからねと伝えて、ほめることにつなげる」などの代案をいただきました。このような代案をもらったことで、自分の指導の幅が広まったように思いました。自己満足の指導で終わるのでなく、多くの人から意見をもらうことで、自分の指導を客観的にふりかえることができました。

仲間と学ぶことは楽しい

　5月からの毎週金曜日は、公民館を借りて他校の仲間と教材研究や模擬授業をしました。そこで一単元分の指導について構想したり、学級経営の悩みを共有し、解決法を考えたりするなど有意義な時間を過ごせました。実践を紹介し合う場もあったので、真似して自分の学級に取り入れてみたこともありました。勉強会が終わった後は、近くの店でラーメンをすすりながら勉強会の続きをしたこともありました。この金曜日の勉強会があったからこそ、1週間を乗り切ることができたと思います。仲間と学ぶことの心強さ、楽しさが今の私の原動力になっています。

私にとってのスタプロとは

　本書のページを担当させていただいたきっかけもスタプロに参加したことでした。私にとってこのスタプロは自転車の補助輪です。学校で働いている今、補助輪を外して自転車を漕いでいますが、うまくいかなくて倒れそうになったり、自分のこれまでの経験だけで直進してしまい、曲がるべきところで曲がれなかったりしたこともありました。そのようなときに、スタプロで学んだことに立ち返り、学びの場に参加して新しい補助輪をつけたことが、私の自転車をしっかりと支えてくれました。

　ある日、初任者研修から戻ってきたとき、クラスの子どもが「先生おかえりなさい」「研修どうでしたか」と声をかけてくれました。些細なことですが、教師になってよかったと思った瞬間でした。自転車を自在に乗りこなせるようになると、自分の教員生活をもっと楽しめるようになるのではないかと思います。道のりはまだ遠く険しいですが、これから多くの試行錯誤を重ね、経験を積み、仲間と学び合いながら、自分の成長過程を楽しんでいきたいと思います。　　　　　　（岡田泰知）

目 次

3章 授業を円滑化するテクニック ················· 145

序章

なぜ授業が重要か

なぜ授業が重要か

　「教育実習で子どもたちと楽しく過ごし、授業もそれなりにやることはできた。だから、子どもたちとの関係性さえつくることができれば、授業展開についてはきっと大丈夫」

　初任のとき、そう思いながら勤め始めました。

　4月、5月と月日が進んでいくにつれて、その考えと現実とのギャップが明確になり始めました。

　隣のクラスからは、授業中に楽しげな声が聞こえる。廊下を通ると熱中して授業に取り組んでいる。

　自分のクラスでは、机に突っ伏して諦める子がいる。あくびが止まらない。

　担任をもつときに、子どもとの関係性への不安はあれど、授業をどうするかということはそもそも意識の外でした。学級経営さえ押さえれば大丈夫だと思っていました。そう思う初任者の方も多いのではないでしょうか。

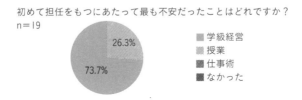

初めて担任をもつにあたって最も不安だったことはどれですか？
n＝19

26.3%
73.7%

■ 学級経営
▨ 授業
■ 仕事術
■ なかった

　実際に、スタプロに参加した初担任19名にアンケートをとりました。

　スタプロに参加した初担任の方々は、SNSによる細い発信に敏感に反応し辿ってきた、いわゆるアンテナの高い教育熱心な先生たちです。そして、この結果から見ても、授業よりも学級経営を意識する人が多いということがわかります。

　しかし、断言します。学級担任の職務で最も重要な事項は「授業」です。

　1日45分を6回。4時間半。子どもたちは学校にいる時間の大半を授業で過ごします。そこがうまくいかずして学級がうまく回るはずがないのです。

私が初任のとき、隣のクラスから授業中に聞こえた楽しげな声や子どもたちの熱中する姿は、確実にその先生の授業のうまさからくるものでした。

　私が担任したある年の子にＡくんがいます。
　Ａくんはつい友達に悪態をついてしまうので、友達とのコミュニケーションに悩んでいました。体育も苦手です。鉄棒は大の苦手で逆上がりはできません。
　しかし、逆上がりは正しい順序と量を練習すればできるようになる技です。１学期から次々とクラスの友達が逆上がりを達成していきました。
　そんな中、Ａくんも練習を続けました。授業時間中しか彼のモチベーションは保てませんでしたから、勝負は授業中だけ。徹底的に鉄棒に力を入れました。授業冒頭５分に楽しく、やりたくなる、かつ正しい練習になるように授業の工夫をしました。
　２学期、ついに彼は、後一歩のところまでいきました。ふと見ると、その周りに友達が男女関わらず何人もいて、彼を応援していました。「がんばれ！」「あとちょっと！」「いける！　いける！」と応援する友達。顔を真っ赤にしながらがんばるＡくん。その様子を見ながら胸が熱くなりました。がんばっている姿を子どもたちはちゃんと見ているのです。認めてくれるのです。彼は休み時間も練習するようになり、その後、見事に逆上がりを達成しました。友達に応援されながら。
　翌年のある日、Ａくんは鉄棒をがんばっている下学年の子を見かけて「がんばってね！　続ければ絶対できるようになるよ！」と励ましていました。彼は応援され、そして周囲を応援できる人に変わっていたのです。

　人は本当にがんばろうとしている人を応援します。応援し、応援され、そうした良好な人間関係が人に影響を及ぼします。「できた」という“結果”が大事なのではなく、それができるようになるまでの“過程”に心動かされます。その“過程”のがんばりを生み出すのは、授業です。知識や技能だけではなくそこに向かう間の“過程”に大きな価値があります。この過程を充実させることが授業を充実させるということです。
　彼らががんばりたいと思えるように授業をつくることが教師の使命です。
　彼らのがんばりをみんなで応援できる授業をつくることが教師の使命です。
　本書からそんな授業をつくるための方策を模索していきましょう。

授業と学級経営は両輪

ある年の４年生のＢさんが３学期末に書いたクラスのいいところです。

①人のつらさを分かち合える
②共に笑ってくれる
③人の気持ちを心から受け取ってくれる
④何かあったらすぐに「大丈夫？」と言ってくれる
⑤人のことを一生懸命に考えている
⑥人の成長に気づくことができる
⑦何かにチャレンジする
⑧楽しい声かけができる

この３学期を終えるまでに何度も立ち止まったクラスです。

しかし、立ち止まった回数分、子どもたちには確実に響いていました。

そして立ち止まっているのはいつも授業の時間でした。

国語、算数、理科、社会、体育、道徳…すべてが学級経営たり得ます。どんなクラスにしていくかということが学級経営です。学級経営は、授業と密接に関与します。授業時間以外だけで学級経営することは私には考えられません。

この年の４年生で、発表の授業をしたときのことです。

発表は一定数の子どもたちにとってハードルの高い活動です。それは、うまくいかず失敗して、友達に笑われたくないという感情が関係しています。発表できないことは、その子の問題なのではなく、今まで人の失敗を嘲笑ってきた環境に問題がある場合が多いのです。

そこで、発表活動の前にこんな話をしました。

「話を聞くときにはね、うなずきが大事なんだよ。うなずきには、２つのうなずきがある。１つが、小さいうなずき。もう１つが大きいうなずき。小さいうなずきは、小刻みにします。こちらは、何度もするうなずき。糸で引いたよ

うに何度もコクコクとうなずくんだ。もう1つの大きいうなずきは、納得した
ときや相手の気持ちがこもっているときにするうなずきです。聞いている人の
うなずきで相手の笑顔を引き出すんだよ」

　すると教室は、よーいスタートのかけ声でボブルヘッドのように揺れました。

　教室中の発表で笑顔が溢れます。発表する人も聞く人もみんな和やか。「そ
う考えたんだね」「聞こえやすかったよ！」と、発表後の交流も温かく優しい
ものばかりでした。行動を変えると態度も変わってくるのです。

　最後の感想で子どもたちはこんなことを書いていました。

　・みんなの温かい感想が嬉しかった。
　・ちゃんと私の話を聞いてくれているんだということがわかりました。
　・こんな聞き方を毎日できるようにしてみたい。

　私はこのとき初めて、「これが授業で学級経営する」ということなんだなと
思いました。こうした環境が整うと話は活性化し、話し合いの中で「自分が気
づかなかった気づき」に出会っていきます。授業の中で学級経営をし、学級経
営が整うことで授業はさらに深化していきます。

　「授業と学級経営は両輪」とは、教育界でよく言われることです。

　両輪というと関係し合っているもののそれぞれ独立していることになります。

　2つはもっと近い。授業と学級経営は2つで1つ。表と裏のようなものです。

　授業で学級経営を鍛えるし、学級経営で授業を鍛える。そのどちらでもあり
ます。

　土居正博氏は、こうした授業の中で学級力づくりに直結するようなねらいを、
「ウラのねらい」と言います（土居正博著『授業で学級をつくる』東洋館出版
社 2022年）。各教科の学習課題の習得は「オモテのねらい」。授業ではオモテ
もねらいつつ、ウラもねらう。ウラのねらいとは、まさに冒頭のBさんのよう
な観点です。こうした観点を教師が授業内にもっておくことが、授業で学級経
営をするということにつながります。それこそが「授業と学級経営は両輪」と
いうことであるのです。

規律とは確認の結果

「授業開始時刻に子どもたちが運動場から帰ってこないんです」
スタプロの初任者から寄せられた悩みの一つです。
あなたならどう対応しますか?

　私が初任者のときなら、「全員帰ってくるまで待つ」とか「遅れた時間分授業を延長する」という方策をとっていました。
　ちなみにこれはあまり良い手ではありませんでした。
　帰ってこない数人のために、ちゃんとできている大半の子どもたちが損をするからです。そのうちに、帰ってこない子どもに向かって熾烈な注意が子どもたちから飛び交うようになります。

　たとえば、今回の悩みであれば、まず間に合っている子をほめることが大切です。授業開始時刻を守っている子をほめる。ちゃんとやっている子たちが損しないように正しい行動をほめることで規律が形づくられていきます。
　そして、そのためには確認が必要です。具体的には、授業開始時点で座っている人に向かって「今もう座っている人?」と聞きます。毎時間しつこいくらい確認します。できてない子を叱るためではありません。できている子をほめるためです。
　他にも、授業冒頭5分を子どもたちが喜んでやりたくなるような楽しい時間

にするという工夫も効果的です。

　この悩み以外にも、話の聞き方とか静かにするスピードとか姿勢とか、学ぶためのモラルとして大切なことがあります。こうした勉強するために守るべきルールやマナーが「学習規律」です。

　学習規律を守ることは学習に至る準備でもあります。準備ができていない状態で学びに突入すると、学習に力が入らないことは容易に想像できます。

　逆に学習に必要な規律を守れる子どもたちならば、授業の集中力も増し、授業時間もしっかり確保できます。

　規律を定着させるための方法はただ一つです。

　それは、徹底すること。つまり、教師が何度も確認をすることです。

　規律が守られない多くの場合、指示の後に確認がなされません。

「静かにしなさい」

「ノートに書きます」

「隣の人と相談します」

　そう指示して、できない子がいたら怒られる。

　確認とは、そのようにねちっこくできていない子を責めるようなものではありません。

　できている子を素直にほめて、喜ぶことこそ確認の価値です。

・「口を閉じます」→「今、しゃべってない人？　いいね！」

・「ノートに書きます」

　　→「ノートにもう書き始めているよっていう人？　すばらしい！」「まだ書いてはなかったけど、書こうと思っていたよという人？　その調子だよ！」

・「隣の人と相談します」→「今、自分から話しかけた人？　勇気があるね！」

　こうして指示して確認してほめるという行動を積み重ねるうちに、次第に行動が習慣化されていきます。その習慣化の結果が規律です。

　枠組みに押し込む、強制的にルールを守らせるということが規律なのではありません。よい行動を価値づけていった結果に規律ができ上がるのです。

　規律とは確認の結果です。ほめるために確認し続けることで規律は形づくられます。自分が損をしない選択肢を子どもたちは自然に選択していきます。

ほめて、認めて、励ます

「やってみせ　言って聞かせて　させてみて　誉めてやらねば　人は動かじ」とは、大日本帝国海軍元帥山本五十六の言葉です。

昭和の軍師も「誉めてやらねば人は動かじ」というのです。ほめることの重要性がうかがえます。

ほめることは、自己肯定感ややる気に直結します。

やる気という土台があってこそ、人間関係も勉強も成り立っていきます。

しかし、ただほめればやる気がでるかというとそうではありません。

ほめることにおいて大切なポイントがいくつかありますが、その中でも最も重要なのが「感情的にほめる」ということです。

近年はほめることの重要性が説かれ続け、形式ばった、人を動かすための技としての「ほめる」が蔓延している気がします。

子どもたちも人間です。打算的なほめ言葉は、子どもたちの空を切ってしまいます。特に高学年では、ほめ言葉の渡し方に注意が必要になります。ほめることが必ずしもよいのではなく、相手が少しでも喜べるようにほめ言葉を渡すことが重要です。

笑顔で驚いたように「すごいね！」と言うのと、真顔で眉一つ動かさず「すごいね！」というのではまったく意味が異なってきます。

「人を動かすためにほめる」という考え方は打算的な側面もあります。

もちろんそうしたやり方が有効的な場面は多くありますし、よい教育方法の一つです。

しかし、子どもはそうした大人の思惑を見抜いているものです。ほめ言葉が届かないときとは、そうした感情が伴わないときが多いです。子どもの最も身近にいる大人の一人として、素直に心から「すごいね」と認めて励ますということが、何より子どもたちの心に響くし、何よりの教育になるのではないでしょうか。

教師という職業柄ありがたいことに子どもたちから手紙をもらうことがあり

ます。学校への抵抗感で悩むＣさんから以下のような手紙をもらいました（一部抜粋）。

> 先生は、生徒のことをちゃんとみてくれてるからよくほめてくれる。いっぱいほめてくれて嬉しかったです。

　人によって喜ぶ言葉はちがいます。彼女には「すごいね」という言葉よりも、「がんばったね」「がんばってるね」という声を何度もかけました。しゃべるときは努めて笑顔に、手に何も持たず彼女の顔を見ながら話を聞きました。それを結果的に彼女は「ちゃんとみてくれた」「ほめてくれた」と受け取ってくれました。

　どんな子も心の奥底にがんばりたいという気持ちを秘めているし、うまくいきたいという気持ちをもっています。

　「がんばりをわかってくれている」という安心感を生み出すことが「ほめる」ということなのだとＣさんから教えてもらいました。

　ほめることは、できたことを称賛するだけではありません。目を合わせてニコッと微笑んだりハイタッチをすることもほめるになります。

　何かができてなくてもいいのです。

　むしろ、結果よりもがんばったという過程の部分をほめて、認めて、励ますことで、子どもたちは安心でき、意欲がかきたてられ、子どもたちにとっての大きな生きる推進力になっていきます。

心のハードルを下げよう!

4年生のある子のふりかえりにこんなことが書いてありました。

私は学校に来るのが苦手です。1、2、3年生のときは、泣いてました。でも、4年生になって、やっと泣かずに行けるようになりました。

この文を読んだとき、私はびっくりしました。その子はあまりにも普通に学校で過ごしていたからです。前年度からの引き継ぎでもこのようなことはまったく聞いていませんでした。

目には見えづらいですが、こういう子たちは実際いるのです。

見えないところでがんばってがんばってやろうとしている子たちがいます。

このふりかえりを読みながら、改めて、自分の当たり前を疑いました。

「この学年ならこのくらいできるでしょ」

「この前教えたからできるはず」

「這えば立て立てば歩めの親心」

とはよく言ったもので、教える側はついつい、どんどん先の成長を求めてしまいがちです。

学年相応のことがクラス全員できるというのはかなりハードルが高いです（というかおそらく無理です）。この前教えたことが次できるようになることの方が少ないです。100回教えたところでできない場合だってよくあります。

現実はそうなのに、自分の中では無意識のうちに、期待値が上がってしまい、「このぐらいはできるはず」という思いになってしまう。ハードルが上がってしまうのです。

4月はハードルをかなり低く構えているものです。

「こんなこともできるんだ」

「これも知ってるんだね！」

意図的に自分の中のハードルを下げる意識をもたないと、積み重ねるうちに

いつの間にかハードルが上がってきて、こうしたことはほめられなくなっていきます。

ハードルを下げるために大切なのが「できない前提に立つ」ということです。

「教えてもすぐにはできないものだ」

「学校に来れていることがそもそもすごいことだ」

発達障害、学習障害、HSP、家庭環境、友人関係…子どもを取り巻く課題は数えればキリがありません。そんな中を掻い潜ってやってきた子どもたちってすごくないですか？

このふりかえりを読んでから改めて、どんな子にもちゃんと毎日「今日もよく来たね」って心から伝えようと思いました。

「がんばろうとしてるんだね。えらいよ」って心から言おうと思いました。

こうした対応は、自然と他の子たちにも波及していきます。

小さなとらえ方の変化で朝から先生も子どもたちも教室でなんだかちょっぴり笑顔になれます。

担任をもつと、ついハードルが上がり、子どもにも、あるいは自分にも厳しくなりすぎてしまうことがあるかもしれません。

「できなくて当たり前、大丈夫！」

そんなふうに子どもにも自分にも、心に声をかけてみてください。

できない前提に立つと、顔が柔和になれます。

努力しようとしている姿を見つけられるようになります。

きっと、授業が楽しく、子どもたちに優しくなれますよ。

第 **1** 章

授業の
ベーシックテクニック

教師が明るく笑顔になろう

「最初はニコニコしていたのに……」

１年目に担任していたクラスの子どもから言われた言葉です。

最初は、教師も子どもも誰もが希望とやる気に満ち溢れ、ニコニコしている
ものです。しかし、日を追うごとに、教師は気になることが増えていき、注意
や叱責が増えます。互いに余裕がなくなっていくのです。

そもそも、どうして教師が笑顔でいた方がよいのでしょうか？　笑顔は、子
どもたちにどんな影響があるのでしょうか？　維持できるようにするためには
どうしたらよいのでしょうか？

３つのポイントに分けて、ひも解いていきます。

ポイント① 笑うから楽しい

「心理的安全性」という言葉が注目されています。簡単に言えば、心理的な
安全が担保されていて初めてよい組織になる前提が築けるということです。子
どもたちの前に立つ教師が笑顔でいる教室と、そうでない教室。どちらが心理
的安全性の担保がされていると思いますか？「楽しいから笑う」という受け身
な気持ちではなく、「笑うから楽しい」と在り方から考え、まずは明るい教室
づくりの前提として教師がまず笑顔でいましょう。

ポイント② 笑顔でいることの科学的な効果

仕組みとしても、顔の筋肉を笑顔の状態にすると、脳からドーパミン（快楽
物質）とエンドルフィン（幸福物質）が出ることが確認されています。また、
ミラーニューロン（共感能力を司っていると考えられる脳内の神経細胞）の働
きもあり、笑顔を見ると相手も笑顔になるということもわかっています。「注
意する場面でも笑顔でいるのですか？」という疑問が湧いてくるかもしれませ

ん。注意をするときはもちろん笑顔でない方がよいでしょう。いつも笑顔でいる先生の表情が変わった、というだけでノルアドレナリン（緊張感を与える物質）が出るため、より注意が伝わりやすくなると考えられます。

ポイント 3 笑顔は練習するもの

　教師に限らず、人前で話をする仕事をしている人たちは笑顔の練習をしています。
　笑顔の練習は、意外とどこでもできます。朝に鏡を見て歯を磨いているとき、教室に入る前にトイレの鏡の前で。毎日続けることで笑顔の筋肉ができ上がり、段々と長い時間、維持することができるようになります。教室の背面側に鏡や笑顔になる掲示物を貼るのもおすすめです。授業中ふとしたときに目に入り、笑顔を意識し続ける助けになるでしょう。

まとめ

　「教師は最大の教室環境」とはよく言ったもので、教師の表情、立ち居振る舞いや言葉が子どもたちに与える影響はとても大きいです。教師が明るく笑顔な教室の子どもたちは明るく笑顔であることが多いですし、言葉遣いや態度も似てきます。「鏡」である子どもたちを明るく笑顔にするところから始めましょう。

授業をリズムよく進めよう

　初めての研究授業をした後、学年主任の先生に言われたことがあります。「授業にリズム・テンポがない」でした。授業はきれいに流れているけれど、間延びしている印象があったそうです。授業において「リズム・テンポ」を意識したことがない私は、そこから学び、試行錯誤していきます。そもそも授業におけるリズム・テンポとは何なのでしょうか？　どうすればリズム・テンポのある授業になるのでしょうか？　練習方法は？　3つのポイントに分けて、ひも解いていきます。

ポイント 1 「リズム・テンポ」について"意識"する

　リズムは心地よい「メリハリ」の中で授業が流れること、テンポは心地よい「緩急」の中で授業が区切りよく進むこと。「メリハリ」「緩急」この2つを"意識"するだけでも授業は大きく変わると私は思います。

　「メリハリ」は、教師による説明や指示と、子どもによる発言や作業の時間をはっきりと分けることで生まれます。

　「緩急」は、「メリハリ」のある中でスピード感を変えることです。たとえば、語るところや重要なところはゆっくり、それ以外の説明や指示は速くすることが考えられます。

ポイント 2 授業を構造化する

　授業の基本的な流れをある程度パターン化することで、「リズム・テンポ」が生まれやすくなると考えます。教師も子どもも見通しが立ち、安心して授業を進められるからです。詳しくは、後述の「各教科のベーシックプラン」をご覧ください。流れをパターン化すること以外では、授業の導入を活動（音読・フラッシュカード・暗唱など）から始めること、発問を易しいものから難しいも

のに組み立てること、発問と作業指示をセットにすること、活動と活動の間に空白（暇を持て余す時間）をつくらないことなども挙げられます。

ポイント 3 非言語対応を増やす

　教師の言葉が多くなると、「リズム・テンポ」が乱れます。説明が長くなることはもちろんそうですが、不適切と考えられる子どもたちの言動に対する注意もそうです。目線やジェスチャーで制したり、近くに寄るなど立ち位置を変えたりする非言語対応を増やすことで、その課題が解消されます。対象の子どもだけでなく周辺の子どもに対する刺激も少なくて済みます。

【練習方法】

① 授業の文字起こしをして言葉を削る

　授業の映像や音声を録音して、言葉を打ち出したり書き出したりします。余計な言葉を削ったり、説明を端的に書き直したりすることで授業中の言葉が洗練されます。

② 指名方法の工夫をする

　子どもたちが挙手して指名、発言。また挙手して指名、発言…では、どうしてもリズムが乱れます。たとえば、列を指して「順番に聞きます」「一番後ろから。はい（子どもの回答）、はい（子どもの回答）、はい（子どもの回答）…」とすることで、リズムが生まれます。

③ シャドーイングをする

　授業のリズム・テンポをつかむためには、優れた教師の授業の映像や音声をまねるのが一番です。何度も聴いて、言葉を後から追いかけるようにして声に出す練習を繰り返していくと、自然とリズム・テンポが身についてきます。

まとめ

授業をリズム・テンポあるものにしていくのは一朝一夕にできることではないと思っています。特にポイント３の①と③は時間がかかります。しかし、時間がかかった分だけ得られる力は大きいものになります。長い目で見て、焦らず、じっくりと磨いていってください。

指示は少しずつしよう

「教科書を出して、〇ページを開いて、□番の問題をノートに解きます。あ、その前に、定規をロッカーから出してきてね。はい、どうぞ」

上記のような指示をします。どのようなことになるでしょうか。

「何ページですか？」「何番の問題ですか？」「ノートに書きますか？」という質問がなされます。それどころか、何をするのかわからず固まって動けない子も出ます。「さっき、全部言ったじゃない！」と教師の叱責。そして「もう1回言いますよ…」。どうしてこのようなことが起こるのでしょうか。そして、どうしたらいいのでしょうか。3つのポイントに分けてひも解いていきます。

ポイント 1 指示は一度に一つだけ、短く限定して行う

先程の指示には、いくつの指示が含まれていたでしょうか。5つ含まれていました。教室には、ワーキングメモリと呼ばれる脳の短期的な記憶を司る領域の容量が少なく、一度に複数の指示を覚えきれない子どもがいます。指示を受けて作業するスピードも様々のため、指示が多ければ多いほど、時間差を生むことにもなります。面倒なようにも思えますが、指示は一度に一つだけ、限定して行うほうが、結果として子どもたちの活動時間を確保することにもつなが

るのです。「算数の教科書を出します」「〇ページを開きます」「ノートを開きます」「□番の問題を解きます」などのように短い言葉に限定・分解して、一つずつ作業させましょう。

ポイント 2 最後の行動まで指示する

　ポイント1で示したように指示を分解しただけでは足りないことがあります。「□番の問題を解きます」の指示のあと、問題を解き終わった人がどうするかがわからないからです。「解けたら先生のところへ持ってきます」や「解き終わった人同士で答えを確認します」など、見通しをもたせ、待ち時間の空白をつくらないためにも、最後の行動まで指示して子どもに活動を促しましょう。

ポイント 3 全員に指示が伝わるようにする

　「指示を一度に一つだけ短く限定して行っているのに、最後まで指示しているのに、子どもが活動できていません」という悩みをよく聞きます。実は、ポイント1・2の前提として3の「全員が聞ける状態をまずつくり出すこと」が必要になります。手に物は持たず、目と耳と心が話し手の方を向いている状態をつくってから指示をしましょう。ただし、人間ですから忘れてしまうことも当然あります。そういった子どもや見ればわかる子どものために板書などで指示を残しておく、という方法もあります。

まとめ

　発問だけで「子どもたちが動いてくれない」「なかなか考えてくれない」という悩みをよく聞きますが、発問と指示はセットである必要があります。発問に加え、3つのポイントを生かした指示をすることで初めて子どもが思考し始めます。

細かく確認しよう

　初めて1年生を担任したときのことです。算数の授業を毎日楽しく行っていました。子どもたちから「わかった！」「できた！」の声がたくさん届き、「1年生でも授業が通じるな」と手ごたえを感じていました。ところが。単元テストを行うと結果はボロボロ。何がよくなかったのか？　と自らをふりかえって気づいたことは「確認ができていなかった」ことでした。授業における確認にはどんな意味があるのでしょうか？　そして、どんな方法があるのでしょうか？　3つのポイントでひも解いていきます。

ポイント 1　途中で確認する

　前項の「指示は少しずつしよう」と重なるところがありますが、確認を怠ると上辺だけをなぞる授業となりがちです。上記の私のように子どもの「わかった！」「できた！」という一部の子ども、その場の子どもの反応に一喜一憂し、実は子どもが置き去りにされていることが起こるわけです。たとえば、一つの指示に対して、一つの行動ができているかいないかを確認していく必要があります。「教科書〇ページを開きます」と指示を出したら、「開けたら、隣の人と確認します」と子ども同士の確認を促す方法も一つです。全員が立った状態で音読し「読み終わったら座ります」と指示を出し習熟度を確認することもでき

ます。複数の問題を同時に解かせているときには、「〇番まで終わったら先生のところに持ってきます」と指示を出して持ってきた子どもの理解度を確認したり、途中で「〇番まで終わっている人は手を挙げます」と聞いて進捗状況を確認したりする方法もあります。

ポイント 2 机間散歩→机間巡視で確認する

　子どもの様子を確認する方法として、子どもたちの席の周りを歩いて回る机間巡視があります。ところが、実態として机間"散歩"になってしまい、ただ何となく見て回っている様子が見受けられます。回るルートはあらかじめ決め、スタート位置を変えるなどして、公平に子どもたちの様子を確認して回れるようにしましょう。確認するポイントを決めて回り、アドバイスをする際にも端的に伝え、何度も回って確認していくことが理想的です。

ポイント 3 目線で確認する

　教師は教室の前に立っていることが多いと思いますが、そのときの立ち位置も大切です。顔を動かさなくとも、子どもたちが視野に入る、目線を送れるような位置を決めましょう。話をしているときにも一人ひとりの子どもたちに目線を止めていくようにしていくと、子どもたちの表情や反応から理解度を確認できます。活動中は、指示が伝わらずきょろきょろしている子どもを見つけたり、作業が進まず手が止まっている子どもを見つけたり、不安などがあり顔を上げている子どもとアイコンタクトをとったりすることもできます。

まとめ

教師一人が自分で動いて確認できる時間は限られています。できるだけ子どもたちと一緒に確認していけるような仕組みを複数考え、それを組み合わせていくことをおすすめします。そして実態に合わせて特別支援対応も組み合わせましょう。確認の大切な目的は「子どもを置き去りにしないこと」です。

動きのある授業で学びやすさをつくり出そう

　ずっと座って学ぶことが合ってる子もいれば、それが苦痛な子もいます。話すことが得意な子も、聞くことが得意な子もいます。一単位45分の授業の中に、いろいろな学び方を取り入れることで、子どもたちが授業に参加しやすくなる授業づくりをすることにつながるのではないかと思います。授業中に立ち歩きを取り入れることで、動きがある授業にする工夫についてまとめました。

ポイント 「合法的立ち歩き」という言葉を聞いたことがありますか?

　「合法的立ち歩き」という言葉があります。この言葉について、石川晋先生は、十数年前にインターネットの記事で以下のようにおっしゃっています。

> 「学びやすさ」を一番大切にしたいということになります。教師が一様な価値観で染めようとしたり、「集団掌握」を優先したりする「教えやすさ」優先を、みんなで抜け出したいですね。学び手一人ひとりが自分にあった「学び方」や「学ぶ場」を「選択」というのが理想です。「合法的立ち歩き」は、生徒が「立ち歩いている」様子を観察する中から生まれました。(教育Zine『「学びのしかけ」で対話あふれる教室&授業をつくろう!』2012年4月26日)

　石川先生の授業を受ける中学生たちは、学んでいくうちに自然に立ち上がって見せ合ったり、話し合ったりすることを選び、石川先生はその様子を見守っていたのでしょう。生徒の学びやすさが生み出した光景だったと思います。このネーミングから、このとき、授業中に立って歩くことは、非合法だったということがわかります。

　しかし、現在は「主体的・対話的で深い学び」が大切だとされていることから、教室で、子どもが学びやすさを感じる場づくりとして、自らの意思で自分の席とちがう場所に赴くということも授業の形として受け入れられています。

十数年前の記事ではありますが、今、このような授業風景がどこの学級でも見られるわけではありません。

授業の構成に、子どもの学びやすさを生み出す、動きのある活動を意図的に取り入れてみませんか。

(ポイント) **自然な交流を生み出そう**

自分の考えを伝えたいと思ったり、相手がどう考えたかを知りたいと思ったりすることはとても自然なことです。わからないことがあったときに、みんなの前では聞きにくいけれど、友達にそっと聞くことならできる子がいます。発表したいけれど、自信がないときに同じ考えの子がいることがわかると、勇気を出せる子が増えるかもしれません。

そんな子どもたちの思いが満たさせる授業であれば、子どもたちが安心して学ぶことができる場になるのではないでしょうか。

(ステップ **1**) **おさんぽ**

子どもたちが自分で考えたことを交流するときに活用できます。算数では、課題を終えた子は立ち上がって、解答の確認と解き方の説明や考え方の交流ができます。国語で感想を書いたときなどに、全員が書けるまで待つことはせずに、書き上げた子から交流を始めます。

「この問題が解けた人は、立ち上がっておさんぽしてください。おさんぽしている人同士、解き方を説明したり、考え方を伝え合ったりしてください。

悩んでいる人は、立ち上がっている人にそっと聞いてもいいし、先生を呼んでくれてもいいですよ。聞かれた人は、答えを伝えるのではなく、考えるヒントを上手に出せるといいですね」

　おさんぽをすることで、取り組みの時間差を有効に活用することができます。また、上手な関わりをしている人をほめることで、交流の質が上がっていきます。私が交流の様子を見て、ほめるポイントを6つ紹介します。

①**多様性のある交流**
　「いつもお話する友達以外にも積極的に声をかけていて、考えが広がっていますね」
②**仲間を見つける交流**
　「自分から周りを見て、今話をしていない人に声をかけていますね。声をかけられた人はきっと嬉しいと思います」
③**聞き方の上手な交流**
　「頷きながら聞いている人がいますね。話している人はきっと嬉しいと思います」
④**相手を尊重している交流**
　「聞き終えた後に、拍手したりお礼を言っている人がいますね。相手を大切にしています」
⑤**相手のためになる交流**
　「質問したり、感想を言ったりできています。相手の気づいていないことも問えるようになると交流の質が上がります」
⑥**自分の考えを深める交流**
　「交流したことをノートに書き足している人がいますね。学び方がとても上手です」

　この6つの場面が見られたときには、子どもたちの活動は止めずに、よいところを全体に伝えるために、大きめの独り言のように呟いて伝えます。
　おさんぽのときの教師は、交流のよさをほめて伝えていくことと、課題につまずきのある子への声かけを中心に行います。
　立ち歩くことで、交流は活性化します。また、わからないことを聞きに行く

こともできます。一人で考えたい人は、座って考えることもできます。自分が課題を解決しやすい学び方を選べる第一歩の活動となります。

　ほめのポイントについて、私は①②は低学年で、③④は中学年で、⑤⑥は高学年で特に力を入れて指導しています。おさんぽを導入し始めたときには、子どもたちはおっかなびっくりするかもしれませんが、一番最初に立ち上がった子をほめていくことで、自信をもって立ち上がって交流をするようになります。

> 「最初に課題解決できて、交流しようと思って立ち上がったのですね。きっと、次の人も続きやすくなると思います。ありがとう」

　また、交流によって間違いに気づいて直してもよいこととして、間違えても友達との交流をしたらいつでも直せるという安心感が生まれます。

> 「友達と確認して、ちがったなと思ったら、もう一度机に戻って考え直すのは、友達との交流を生かしていてとてもいいことですね」

ステップ 2　アイディアをもらっておいで

　作文に書くアイディアが浮かばない、図工の作品の題材が思い浮かばない、生活科の観察カードに何を書いたらよいかわからない、などの悩みをもった子がいるときがあります。そんなときには、自然な流れで友達のアイディアに触れられる環境を立ち歩きでつくります。

「何を書いたらいいかわからない人は、立ち上がっていろんな人のものを見てアイディアをもらってくるといいですよ。でもね、いいな、真似したいなと思ったら、『真似させてね』と言いましょう。そうするとアイディアを思いついた人への感謝の気持ちにもつながりますよ」

「〇〇さんのアイディア、本当に素敵ですね。みんなが真似したくなる気持ちわかります」

「この考えはオリジナルですね。きっとみんな真似したくなりますね」

　このときに、「真似された、嫌だった」という思いを抱かせない言葉がけをしておくことが大切なことだと思います。先に取り組んだ子へ、その素晴らしさに教師が気づいている、そしてそれを評価しているという状況を伝えることが大切です。

ステップ 3 一番いい暗記方法

　九九や、公式、詩の暗唱などを授業で行うときも、動きのある授業にすることができます。

「自分に合った暗記の仕方は人それぞれなので、試してみていいもの選んでがんばってみよう」
「歩きながらの人もいるし、口に出したい人、書きたい人、聞いてもらいたい人…いろいろな人がいると思うから、これから5分間自分に合った方法を見つけて、暗記に挑戦してね。5分後に、お隣同士でテストしますよ」

　教室中がにぎやかになりますが、一人ひとりが目的をもって取り組むことができます。ザワザワした環境が苦手な子には、廊下で静かに覚えるという選択肢も用意しておきますが、廊下ではあまり大きな声を出さないように伝えます。
　制限時間になったら、隣同士で聞き合って暗唱のテストをします。このときに、覚えられなくても、聞いている人はヒントをあげてもよいこととします。

「できなかった」という思いではなく、「後少しでできそうだ」という思いをもたせたいからです。また、記憶のテクニックとして、睡眠をとることで記憶を定着させられることや、繰り返しすることで覚えやすくなるので、明日も時間を取ることを伝えて、できなくて不安になることがないようにします。

ステップ 4 スピーチの練習

　外国語の教科書には、英語で質問したことについて、「誰に聞いて、どんなことが答えだったのか」を書き込むワークがあります。このような活動のときは、ワークシートをはみ出してしまうほど、たくさん交流できるように立ち歩いて話す相手を見つけます。

　このときも、ステップ1で示した、ほめるポイントの①から④の視点で英語のほめ言葉を交えながらよさを伝えていきます。

> 　「全員、教科書と鉛筆を持って立ち上がりましょう。たくさんの人と交流して、たくさん練習をしましょうね。Hello.やGood.やMe,too.などのように、反応できたら会話っぽさが増しますね」

まとめ

> 　動きのある活動を授業に取り入れることは学びやすい場づくりの一つの手段です。子どもたちのよいところを見つけ、それを伝えて、立ち上がって学ぶことのよさを感じさせましょう。そうして、安心して学べる場をつくっていきましょう。

黒板を有効活用しよう

　子どもたちに背を向け、黒板を見ながら授業をする。

　それでは、子どもたちの心もどんどん授業から離れていってしまいます。黒板はあくまで学習を円滑に進めるためのツールです。黒板に授業をするわけではありません。そのためにも、いくつかの技を身につけておくことが重要です。

ポイント 1　半身で書く

　黒板にまっすぐ向き合って板書をすると子どもたちが視界から消えます。半身で子どもたちの様子が見えるようにして書くことで、確認しながら書けます。

ポイント 2　書く前に指示する、途中で確認する

　たとえば「最後にごんは幸せだったか」という発問を書くとき。発問した後に板書をするとします。

　① 「『最後にごんは幸せだったか』とノートに書きます」

　② 黒板に「最後に」と少し書いてから、もう一度子どもたちを見て確認

　③ 「○○さん、もう書いてるね！」とほめてから最後まで書く（常に半身）

　板書は子どもたちのノートの基にもなります。書けたかどうかを確認しながら進めることはとても大切です。

　他にも、１行空けたいときは、黒板に書く前に「１行空けて次書くからね」と伝えておき、「１行空いているか隣りと確認してごらん」と確認することも大切です。１〜６年生のどの学年でもこうした確認は重要です。

ポイント 3　子どもたちが書きやすい板書のポイント

　・濃く、大きい字にする（教室の一番後ろでも見える）

・マス目と同じ文字数で改行する

・先生が定規を使う

・赤や青などの見えにくい色の使用は避ける

　先生が丁寧に書くことで子どもたちも丁寧に書き取ります。字のうまさは書道のように技術が必要で時間がかかりますが、丁寧さは今すぐにでも取りかかれます。

ポイント 4　タブレットを黒板にする

　手書きアプリをスクリーンに映し、ノートに書きこんでいる状態を見せることで子どもたちはぐんとノートを書きやすくなります。上記のようなポイントが一目でクリアできるからです。視覚支援として非常に優秀です。おすすめアプリはGoodnotesです。他にもたくさんあります。ぜひ、使ってみてください。

ポイント 5　子どもたちに開放する

　子ども主体の使い方です。問題の回答を書かせる、意見を書かせる、といった使い方があります。

　たとえば、算数の練習問題の回答を書かせる。社会の資料を見て読み取れたことを書かせる（箇条書き）。自分の意見はどちらかネームプレートを貼らせるなどです。

回答を書かせる

4)31	5)67	4)51	3)42

意見を書かせる

ネームプレート

A	B

まとめ

　子どもたちが円滑に学習を進めるために黒板を使おう！

授業時間のベーシックプラン
5-35-5のススメ

| はじめ〔5分〕 | 中〔35分〕 | 終わり〔5分〕 |

　教師一人で30人の子どもを前に、45分間の授業を進めなければならない状況は、初任の頃、一番難しく感じた教育技術の一つでした。

・「もう予定していた活動が終わったのに15分も残っている…どうしよう…」
　（予定より授業が早く進み過ぎてしまったパターン）
・「まだやりたいことがたくさんあるのに、授業が終わってしまう…」
　（予定より授業が遅すぎてしまったパターン）
・「プリントを配ったり連絡したりしていたら、国語が25分しかない…」
　（そもそもの授業時間が45分より短くなってしまったパターン）

　このような問題を解決する方法として、「授業時間を分割して考える」ことがおすすめです。「困難は分割せよ」とはフランスの哲学者・デカルトの言葉ですが、「授業時間という悩み」も分割して考えていきましょう。

ポイント 1 はじめの5分のススメ

　国語、算数、社会、音楽などの各教科で最初の5分を帯活動として設定し、子どもたちが見通しをもちやすく、スムーズに授業に入れるようにしましょう。

【帯活動の例】

国語の最初の5分→漢字学習、音読活動、視写

算数の最初の5分→計算練習、kahoot!の問題

社会の最初の5分→地図帳クイズ、ご当地名産クイズ、世界のクイズ

音楽の最初の5分→リコーダー練習、発声練習、音楽記号クイズ

ポイント 2 おわりの5分のススメ

　授業の最後の5分には「ふりかえり」を取り入れることをおすすめしています。自分の考えや授業を客観的にふりかえることで、授業内容の定着が深まります。

　「最後の数分で書いて、一斉に集めて、コメントを入れて返す方式」もいいのですが、担任の仕事がどんどん溜まってしまいます。終わりの5分前から「ふりかえり」を書き始め、書けた子から教師の所へ持ってくる。教師は、口頭でコメントをしながら、花丸を書いて、その場で返却しましょう。

【終わりの5分間の流れ例】

①ふりかえりを書くように促す

②書いた子から持ってくる。その場でコメント、その場でフィードバック

③終わった子は、授業の復習・予習をしたり読書をしたりする

> **まとめ**
>
> 基本の型として授業時間を「5分-35分-5分」と固定する。「算数の最初は○○」「国語の最後5分はふりかえり」といった帯活動を取り入れてみましょう。

冒頭5分で心をつかもう

| 冒頭 〔5分〕 | その他 〔40分〕 |

　冒頭5分は、授業の「つかみ」と言われる部分です。一般的に45分間の授業時間ですが、最初の5分が授業の成功に大きく影響します。

　私は授業の導入には以下の3種類の導入方法を使い分けています。

---

①「おもしろそう！」と心をつかむ導入
②魅力的なレクリエーションで心をつかむ導入
③いつものルーティンで心をつかむ導入

ポイント 1 「おもしろそう！」と心をつかむ導入

　子どもたちが思わず席から立ち上がってしまうようなイメージ。興味を引く教材や問いかけを吟味し、一気に「授業の世界」へと、引き込みます。

【実践例】

C：これから社会の勉強をはじめます。

T：Aの製麺工場では11種類の麺をつくっていたよね。では今日はBの製麺工場（ここで「写真を提示」）です。何種類の麺をつくっていそうかな？

C：7種類？　15種類？

T：正解は200種類です。（←予想との大きなズレを生み、一気に引き込む）

ポイント 2 魅力的なレクリエーションで心をつかむ導入

　大きく子どもたちの心をつかむのが「kahoot!」というゲーム型学習アプリです。冒頭5分を楽しいクイズ形式にしてみましょう。

　問題を担任自らつくらなくても発見欄から他の方がつくった問題をクイズに出すことも可能です。

　私は算数の前には「約分のkahoot!」音楽の前には「音楽記号のkahoot!」に取り組んでいます（前のページで紹介している帯活動例の一つです）。

ポイント 3 いつものルーティンで心をつかむ導入

　月曜日〜金曜日まで、毎日通う学校、6時間の授業。子どもたちがワッと盛り上がる瞬間も大切にしていますが、習慣（ルーティン）の視点も忘れないようにしています。たとえば、私はどの学年の担任になっても「1時間目には国語」を入れることが多いです。固定することで、子どもたちが活動の見通しをもつことができます。

【1時間目が国語の日の流れ】
①登校、朝の準備、宿題提出、健康観察
②読書の時間（読む力）
③音読タイム（音読力）
④漢字学習（漢字力）
⑤教科書の教材へ入る（単元の指導目標の力）

よし、音読終わったから漢字をやろう！

　①〜④までは、教師が何の指示をしなくても、自然に流れるようになっています（もう少し具体的内容は国語編 p.60〜で解説しています）。

まとめ

　「心をつかむ5分にしよう」→魅力的な教材提示やゲームアプリの活用
　「勉強モードのスイッチを入れよう」
　　→ルーティンで整った授業の雰囲気

ふりかえりをしよう

その他 〔40分〕	ふりかえり 〔5分〕

「ふりかえりってしたほうがいいのでしょうか？」
「どのようにふりかえりをさせたらいいのでしょうか？」
「ふりかえりで、どんな力が身につくのか、イメージできません」
若手の方から、よくいただく質問です。

　私も若手の頃、皆さんと同じことを思っていました。結論から言うと、ふりかえりは取り入れた方がいいです。毎日、ふりかえりを書く時間を確保するようになると、子どもたちの成長した一面が見られるようになりました。
　なぜふりかえりがいいのか、3つの理由をお伝えします。

ポイント 1 客観的に自分と向き合う習慣がつく

　ふりかえりの観点として、最も取り入れやすい観点は本時の目標に対して、自分はどのくらい近づいていくことができたのか？です。教科書などの「ふりかえりの観点」なども参考にして、継続して取り組み続けましょう。

教師から「あなたはできているよ」や「もうちょっとだね」と評価を伝えるのも大切ですが、それと同様に「自分はできているか？」「どうしたら、もうちょっとよくなるのかな？」と学習者自身が考える習慣も大切にしてください。

ポイント 2　次の授業の見通しがもてるようになる

　「次の時間は〇〇したいです」
　「今日は〇〇だったので、次は〇〇したいです」
　上記のような記述を見かけたら、学級で盛大に取り上げます。主体性をもって、授業に臨む子どもたちが増えることでしょう。

ポイント 3　教師のアドバイスが届きやすくなる

　「もっとこうした方がいい」「次はこうしてみたらいいんじゃない？」
　他人のアドバイスが伝わるのはとても難しいです。しかし、ふりかえりの記述を切り口に対話をすることで、アドバイスが効果的に伝わるようになります。
【実践例】
Ｃ：今日は探していた資料が見つかりませんでした（ふりかえりの記述より）
Ｔ：図書館のどの場所を探したの？
Ｃ：特に場所は決めずに、回っていました
Ｔ：次は「〇〇」の棚の番号のところを探してごらん。きっと見つかるよ
「ふりかえりを見る」→「質問して掘り下げる」→「助言」の黄金サイクルを繰り返して成長を促進しましょう。

> **まとめ**
>
> **ふりかえりを継続し続けましょう。「ふりかえりを書いてごらん」だけでは何を書いていいのか伝わりません。教科書の参考例をもとに書くよう促しましょう。**

授業時間の終わりを教師が守ろう

授業時間が休み時間に侵食するのは、百害あって一利なしです。

「ちょうどキリがいいところまで終わらせたい」気持ちは理解できますが、休み時間は子どもたちにとって貴重な時間です。「今日の休み時間は〇〇するぞ」と休み時間を一番の楽しみに学校に来ている子もたくさんいます。

「授業の終わり時間を徹底して守る」

これは「あなたの意識」で変えられることです（授業が1分伸びるたびに、あなたに罰が与えられるのなら、時間を守りますよね？）。

基本ルールとして、授業の終わり時間は守りましょう。例外的に伸ばす場合は、「ごめん少しだけ時間をちょうだいね。休み時間は確保するからね」と誠実に理由を伝えて、授業に集中できるよう声かけをしてから行いましょう。

そもそも、授業時間が勝手に延長して続けられた内容は、大半の子には届いていません。子どもたちはチラチラと時計を見ながら、頭の中で色々な言葉が飛び交っている時間となっているだけですので、教師側にとっても、有意義な時間の使い方とはいえません。

とはいっても「キリがいいところまで終わりたい」「計画したところまで終わりたい」先生のために、授業時間の終わりを守る極意を2つお伝えします。

ポイント 1 授業の始まりの時間を徹底して守る

初任者の皆さんのおすすめに本があります。中村健一先生の書いた『策略―

ブラック学級づくり　子どもの心を奪う！クラス担任』（明治図書出版）です。私が若手時代の厳しい局面を何度も救っていただいた名著です。数え切れないほど厳しい現場を乗り越えてきた中村先生は本書の中で「授業開始1分前に教師が黒板の前に立つ」行為を年間1000時間やり切ると書かれていました。授業の始まりの主導権を教師が握り、授業のムードをつくり出すためだと理由を述べています。授業の終わりを徹底することは、始まりを誰よりも徹底することと同義です。始まりの時間を絶対守るように心がけましょう。

ポイント 2 余裕をもった計画を立てる

　余裕をもった授業計画を立てましょう。学習活動を詰め込みすぎず、35分程度で終わる計画を立てます。たとえば、1年生は下校準備にも時間がかかるため、下校時間が遅くなってしまう傾向があります。以下のように授業構成から工夫することも一つの手立てです。

帰る準備をしたら本の続きを読もう

【小学校1年生を担任したときの5時間目の流れ】
①文字指導（ひらがな、カタカナ、漢字）
②担任に合格をもらった子から帰る準備を進める（授業開始30分頃から）
③帰る準備を終えた子は読書や音読の課題を進める
④授業時間内に全員が担任の合格をもらい、5時間目終了と同時に帰りの会を
　開始する

まとめ

　大原則、授業時間は遅れないし、伸ばさない。
　そのために、始まりの時間を徹底して守り、35分程度で終わる計画
　を立てる。

どんな子もつらくならない 授業の進め方

　ユニバーサルデザインという言葉を聞いたことはありますか。ユニバーサルデザインとは、最大限可能な範囲ですべての人が使用できる製品、環境、計画、サービスを設計することです。授業も、すべての子どもが楽しく学べるような設計を心掛けるようにしましょう。

　初任の頃「どんどん進める子が暇にならないようにしよう」と思い、テンポよく、多くの活動を詰め込んだ授業を目指していました。しかし、教室には「遅れてしまう子・理解できない子」も数多くいます。それらの子たちのために、良かれと考え、休み時間に補習をしたり家庭学習でも取り組むよう促したりしていましたが、今ふりかえると反省すべき教育活動だったと思います。

　10年以上の教員生活を経て感じているのは、教室にいるすべての子が、授業時間内で必修課題を終えることが可能な授業設計の重要性です。

　では、どうすればすべての子が授業時間内に課題を終えることができるか、3つのポイントをお伝えします。

ポイント 1 教師から提示するハードルを低くする

　余裕をもった授業を心がけましょう。算数の場合、私は次のような構成を基本としています。

導入〔10分〕	今日の問題解決・交流〔20分〕	今日の適用問題〔15分〕

　教科書の「適用問題」を授業終了の15分前頃から解くようにします。早い子であれば、2分ほどで解いてきてしまいます。でも算数が苦手な子は、考える時間や友達に相談する時間が必要となります。間違えて解き直す時間も含めると15分の時間がかかってしまいます。

　これを「休み時間」ではなくて「授業時間」に終えていることが何より大切です。

「授業で終わらなかった」→「休み時間もやる」→「休み時間が短くなる」→「だから算数は嫌」の負のサイクルに入るほうが、長期的視点で考えたときにマイナスが大きいと考えます。

(ポイント 2) 早く終わった子は、自らハードルを設置させる

前述の2分ほどで解き終えてしまう子はミニ先生役等もいいのですが、「自分で何をすべきか？」を考える力もつけていきましょう。巻末の問題やICT端末のドリルに取り組むなど、自主的に学ぶ力を伸ばすことが重要です。

(ポイント 3) 自主トレーニングは大いに価値づける

子ども自身の意志が起点となって、休み時間や家庭学習で取り組まれた自主トレーニングは盛大に価値づけましょう。クラス全員の前や学級通信で紹介することで、自らの意志で努力する重要性を伝えます（やっていない人がダメなわけではないこともセットで伝えてくださいね）。

家で昨日の続きやってきたの!?すごい！

まとめ

全員が終わった、できたと思える授業を目指しましょう。持続可能に学べる授業設計を心がけ、早く終わった後の学び方を伝え、自主トレーニングを大いに価値づけましょう。

勉強が苦手な子への 教師の関わり

前のページでは「勉強が苦手な子も、授業時間内に終える設計の工夫」について話しました。大前提として授業時間内の関わりに全集中する気持ちでいましょう。このページでは「関わり方」について、具体的にお伝えします。

私自身の13年間の教員経験を通じて、勉強が苦手な子への支援で、特に大きな効果を実感した3つの関わりを紹介します。

ポイント 1 制限時間を決めるよう促す

教師の関わりがないと、「問題がわからない…」と鉛筆が少しも動くこともなく、10分も20分も経過してしまう子がいます。教師が「どうしたの？」とか「どこがわからないの？」と聞けば、返答はありますが、教師の声かけがなければずっと考え込んでしまう子…そういった子がいます。

そのような子には、タイマーを渡すようにしています。その子と相談の上「5分考えても、何も浮かばなかったら、次の行動を起こす」と約束事を決めています。

ポイント 2 「困った」と言えることは素晴らしいと伝え続ける

「困ったときどうする？」への対策の第一候補にあがるのは、誰かに聞くことだと思います。しかし、勉強が苦手な子は、人に頼ることに抵抗感がある子が多いと感じます。「自分で考えなきゃ…」「聞いたら申し訳ない」と強く感じているようです。

・成長するためには「人に聞くことは必要だよ」
・聞いたら喜んで答えてくれる人がいっぱいいるよ
・困ったって言えることは素晴らしいことだよ
教師が率先して、人に頼ることができる雰囲気をつくりましょう。

※NHK for School「でこぼこポン！」の『「困った」を伝える発明品』の放送回などを通じて、頼ることについて肯定的な考え方を伝えましょう。

ポイント **3** 小さな成功を認め続ける

勉強が苦手な子は、勉強に対して、自信を失っていることが多いです。授業の中で、小さな成功を積み重ねて、自信をつけられるように関わりましょう。

たとえば、算数がまったくできない子には次のような関わりをしていました。

・問題をノートに書いたらスゴイ！

・間違ってもいいから答えを書いたらスゴイ！

・答えを見て、写したらスゴイ

その子は、日を重ねるごとに自信をつけていくのがわかりました。そして小学5年生の最初の頃は「4の段」までしかできなかった九九が全部できるようになって6年生へと進級しました。学習進度は一人ひとりちがいますが、授業の共通の目標は「成長すること」と定義しておくと、苦手な子にとっても自信がもちやすいでしょう。「それぞれのペースでいい、でも前に進もうね」と。

まとめ

「わからないのは悪いことじゃないよ」「困ったと言えるのは素晴らしいことだよ」と前向きな考え方を伝え、一歩ずつ前に進めるように支えていきましょう。

拙著紹介

難波駿『超具体！自由進度学習はじめの1歩』（東洋館出版社 2023年）を書かせていただきました。この著書では、子どもたちが自分で授業進度を考え、主体的に学ぶ授業手法の実践をまとめています。学級通信やワークシートも合計34種類を掲載しています。もし興味あれば、是非手にとっていただけると嬉しいです。

勉強が得意な子への 教師の関わり

　苦手な子も、楽しく参加できるような授業設計にしましょう。 p.44〜45では、「余裕をもった授業構成」を提案しました。

　しかし「余裕をもった授業構成とした場合の心配事」として「早く進んだ子が暇にならないだろうか？　遊び出したりしないだろうか？」と感じてしまう先生もいらっしゃると思います。

　そのような心配が生まれる子たちに対して、「成長」「探究」「貢献」の３つの観点から働きかけています。順番に説明します。

ポイント 1 どんどん成長しよう

　全世界4000万部、国内でも240万部発行の大ベストセラー『７つの習慣』の著者のスティーブン・コビーさんの遺作『クレッシェンド』では「クレッシェンド・マインド」で生きる大切さが綴られていました。「クレッシェンド・マインド」とは自分の成長も幸福も、常にまだ先にあるという考え方です。

　「先生、今日の課題が終わりました」と早々に言う子には、がんばりを認めた上で「あなたはまだまだ成長できるよ。残りの授業時間も利用して、どんどん成長しよう」と励ましを送りましょう。

　たとえば、社会科の場合は、「教科書を読んだのなら、資料集も読んでみよう。見える世界が変わってくるよ」「２周目の教科書を読んでみよう。１周目では気づかなかった世界が見えるよ」

　上記のように、教師の言葉で生き生きと語ることが大切です。生き生き語るためには、教師自身が、現役の学び手であることが求められます（この本で学ばれている皆さんであれば、生き生き語ることができます。大丈夫です）。

ポイント **2** 探究しよう。学びの旅を楽しもう

探究学習とは、子ども自らが課題を設定し、解決に向けて情報を収集、整理・分析したり、周囲の人と意見交換・協働したりしながら進めていく学習活動のことです。

社会科では、教科書の学びを終えた後は、子どもたち自身から生

まれた「問いの種」に向き合うよう促し、学ぶ姿勢を育みます（図参照）。

ポイント **3** 人の役に立とう

自分の知識や能力を、自分のためだけに使うのではなくて、他の人のために使うことの大切さを日々伝えます。

・友達から「ありがとう」って言われたら、どんな気持ちだった？
・算数が「できた！」って子が、あなたのおかげで一人増えたら、嬉しいよね？

など、どんどん進む子には、人に貢献する素晴らしさを学校で感じてほしいと思っています。「ミニ先生」などを導入する際にも、「教えてあげている」という考え方ではなくて「友達の役に立てている」という意識をもつように促します。

まとめ

勉強が得意な子は待たされて退屈と感じることがあるかもしれません。しかし、成長、探究、貢献の観点から関わりをもつことで、彼らにとっても充実感のある授業になるように工夫しましょう。

教師が明るく笑顔になろう

- ☐ 毎朝、子どもたちの前に立つ前に笑顔の練習をしている。
- ☐ 笑顔で授業を始められる。（→できるようになったら1時間キープ！）
- ☐ 子どもと目を合わせて、微笑むことができている。

授業をリズムよく進めよう

- ☐ 前置きせずに授業を活動から始めている。
- ☐ 注意をせずに、非言語対応をしている。
- ☐ 挙手指名に頼らず、列指名など指名方法を工夫している。

指示は少しずつしよう

- ☐ 子どもたちが聞く状態をつくれている。
- ☐ 指示は短く一つに絞られている。
- ☐ 子どもたちは指示した後、すぐに行動できている。

細かく確認しよう

- ☐ 全員の子どもが見える位置で確認している。
- ☐ 指導の途中で理解度・達成度を確認する指示をしている。
- ☐ ルートを決めて机間"巡視"している。

動きのある授業で学びやすさをつくり出そう

- ☐ 授業内に動きのある活動（合法的立ち歩きなど）がある。
- ☐ 子どもたち同士が交流できる機会をつくっている。

黒板を有効活用しよう

☐ 半身で書いている。

☐ 教師が書く前、子どもたちにノートに書く指示をしている。

☐ 板書の途中で書けているか確認している。

☐ 先生が丁寧（濃さ・大きさ・定規など）に書いている。

授業時間のベーシックプラン

☐ 授業時間をはじめ・中・終わりで計画的にマネジメントしている。

☐ 冒頭5分で子どもたちの心をつかむ導入（興味を引く教材や問いかけ、ルーティーンワークなど）をしている。

☐ 授業のふりかえりを行っている。

☐ 授業時間の始まりを教師が守っている。

☐ 授業時間の終わりを教師が守っている。

どんな子もつらくならない授業の進め方

☐ 時間がかかりすぎる子どもには時間制限を設けている。

☐ 教師が率先して人に聞ける雰囲気をつくっている。

☐ 子どもの小さな成功を認めることができている。

☐ 早く終わった子は巻末の問題やICTドリルなどに取り組ませている。

☐ 子どもの自主トレーニングを価値づけている。

第 **2** 章

各教科の
ベーシックプラン

国語　基礎基本
─ここを徹底しよう─

　欧米の研究者によると、将来、子どもたちの65％は、現在存在していない職業に就くと未来予測がされています。

　現行の学習指導要領は、こうした時代の流れに応じて、子どもたちが未来の創り手として、決まった答えのない課題に積極的に取り組み、試行錯誤しながら新しい価値を創造できるようにすることを目指しています。

　国語科では、「自分の思いや考えを深めるため、対象と言葉、言葉と言葉の関係を、言葉の意味、働き、使い方等に着目して捉え、その関係性を問い直して意味付けること」を「言葉による見方・考え方」と位置づけ、教科の本質的な意義としています。

　「言葉による見方・考え方」を踏まえた上で「目標」と「内容」が定められています。３つの観点で、それぞれ対応した「目標」が立てられています（図１）。

国語科の教科の目標

言葉による見方・考え方を働かせ、言語活動を通して、国語で正確に理解し、適切に表現する資質・能力を次の通りに育成することを目指す。

観点		目標
知識及び技能	❶	日常生活に必要な国語について、その特質を理解し適切に使うことができるようにする
思考力、判断力、表現力等	❷	日常生活における人との関わりの中で伝え合う力を高め、思考力や想像力を養う
学びに向かう力、人間性等	❸	言葉がもつよさを認識するとともに、言語感覚を養い、国語の大切さを自覚し、国語を尊重してその能力の向上を図る態度を養う

図1　国語科の教科の目標

　「内容」は、それぞれ図２のように構成されています。

　今はまだよくわからなくても構いません。まずは、「そうなんだ」くらいで覚えておいてくださいね。

概要を捉えた上で、初任者の皆さんが、日常の国語の授業を考えるうえでどんなに忙しくても「ここだけは！」押さえてほしいポイントを2つ伝えます。

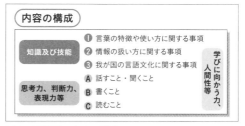

図2　国語科の内容の構成

ポイント 1　内容が「どの内容なのか」を確認しましょう

「次の単元は、読むことの単元だな」

「今日から『話す聞く力をつける』学習がスタートするんだな」

と、図2に示した全6種類の内容から確認する癖をつけましょう。

ポイント 2　指導目標を確認しましょう

　たとえば、光村図書6年『海の命』の教材。単元名は「登場人物の関係をとらえ、人物の生き方について話し合おう」となっています。指導目標を確認すると「文章を読んでまとめた意見や感想を共有し、自分の考えを広げることができる」となっています。大事なのは指導目標です。この単元を通して、ここで一定程度の力をつけるべく指導することが求められます。

　「教材を教えるのではなく、教材で教える」（指導目標の力をつける）は国語では有名な言葉なので、覚えておきましょう。

まとめ

・国語は「言葉による見方・考え方」を働かせて目標に向かう学習

・目標は3つの観点に分けられている（どの教科も共通）

・内容は「1・2・3・A・B・C」の6種類に分かれている

国語　単元の見通し方

　物語文や説明文の、長い時間の単元が近づいてくると「どうしようかな…」と悩んでしまうことはありませんか？

　私も最初は、授業イメージが湧かずに、長い時間の単元を後回しにして、短い時間の単元を先に進めることが何度もありました。

　その頃の自分、そして「同じような悩みをもつ、本書を手にとっている皆さん」にできる確かなアドバイスが一つあります。

　「１単元での授業計画」を立てる癖をつけましょう。

　「１授業ずつの授業計画」を立てているうちは、見通しがもてずに、その日暮らしの授業となってしまいます。

　まずは、１教科だけでも、自分の研究教科を決め、その教科は、１時間ずつではなく、単元で授業計画・授業準備をする習慣をつけると、見える景色が変わってきます。

　実際に私が計画を立てた授業準備の話をしたいと思います。光村図書の３年生、教材名『たから島のぼうけん』。学習時数は８時間です。１時間ずつ授業準備をするのではなく、８時間の授業計画・準備を30分で取り組みます。

ステップ 1 内容と指導目標を確認し、言語活動を設定する

内容チェック：「書くことの内容だ」

単元チェック：「書き表し方を工夫して、物語を書くのか」

指導目標チェック：「書き表し方を工夫できる力を８時間でつけるのか。たとえば、比喩や修飾語を用いたり、読者をひきつけたりする言葉を考える力だな」

今回はグループ創作にしよう。４枚の絵を使って「物語文」を書こう。完成した作品は、学級文庫に置いて、楽しんでもらおう。

ステップ 2　全8時間のイメージを箇条書きで書き出す

①導入。教科書の教材を提示。「みんなも書いてみない？」と問いかける

②これまでひきつけられた「物語文」を書き出す。マインドマップを使用する

③物語の書き方の基本形を確認。始まり・出来事・解決・結びの構成を学ぶ

④⑤グループで物語文を創作する

⑥⑦書き表し方の工夫を考え、修正する（☆指導目標のメイン）

⑧物語を読み合い、感想を伝え合う。学級文庫に置く

ステップ 3　指導目標を中心に、必要な手立てを考えたり、準備したりする

　8時間の見通しができました。ここで注力すべきは「本単元の指導目標の力をつけるための関わり」を考えておくことです。

　ここだけは、時間をかけて考えましょう。毎時間分、板書計画やワークシートをつくっていなくてもいいのです（小学校教員は全教科を毎日5時間〜6時間も指導します。国語だけに何時間もかけていられない現実もあるでしょう）。しかし、指導目標の力をつけるための関わりは考えましょう。発問・教材の工夫・対話でのいざないなど、色々な方法があります。

（私の実践例）

　筋道が通るように、ワークシートにチェック欄をつけました。また、推敲・共有の際に、工夫しているか共有する時間を設けます。よくできているグループを取り上げて「どんな工夫が凝らされている物語文か？」を考える時間を設けました。

> **まとめ**
>
> 　1時間ずつではなくて、1単元で見通す癖をつけましょう。
> 　長い単元の「1時間ずつの準備」は、苦しくなるし、一貫性も生まれません。1教科だけでもやってみましょう。

国語　1コマの
タイムマネジメント

言葉の基礎力〔5分〕	中〔35分〕	ふりかえり〔5分〕

　私は国語では「5-35-5」の組み合わせをよく使います。「中の35分」は教科書の内容を活用し、指導目標に向かっていけるようにするにはどうしたらいいのか？　を考えた構成としています（次のページ以降に、物語文と説明文の具体例も掲載しています）。このページでは「はじめの5分」と「ふりかえりの5分」で意識していることを伝えます。

ポイント 1 　はじめの5分は、言葉の基礎力を鍛える時間

　私が考える、言葉の3大基礎力は「音読力・漢字力・読書力」です。どれが欠けても、国語の学習に大きなマイナスを生みます。

　これら3つの力は、学校がある日は毎日鍛えるのが理想と考えています。国語の基礎力の枠に留まらず全教科の基盤となるので、根気強く関わりましょう。国語は全学年、毎日ある教科でもあります。

音読力 …教員となり最も衝撃を受けた出来事の一つが、個々の音読力の差でした。「本文を声に出して読んでごらん」と指示をすると、あまりにたどたどしくかつ、漢字も発音も間違いだらけ。これでは読む力を育てる以前の問題だと感じました。音読カードを出して何とかしようと試みる先生も多いと思いますが、苦手な子ほど、自由な時間では取り組もうとしません。大事な活動だからこそ、授業時間内に練習時間を確保し、教師が指導しましょう。

※私は教科書の先の単元を音読指導教材としてよく活用します。新出漢字に見慣れるという効果も期待できます。

漢字力 …とあるTwitter（現X）での投稿が話題になりました。多くの国はアルファベット30文字前後のみで文章が構成されるのに対して、日本は「ひらがな46文字、カタカナ46文字、漢字2136文字」で構成されているというツイートです。漢字が読めない・語句の意味がわからないでは、くじけてしまいます。授業中に「膨大にある漢字」を学ぶ時間を確保しましょう。

読書力 …音読力と漢字力を土台から支えている力が読書力です。学校には多数の本があります。貴重な資源を有効に活用するため、読書する時間を確保しましょう。

ステップ 2 おわりの5分はふりかえり

　ふりかえりでは、型を示すことから始めてみましょう。型を示すことで「楽しかったです」などの「感想型のふりかえり」を避けることができます。
（ふりかえりの型の例）
・今日の授業で印象に残った「言葉」は〇〇です。なぜかというと□□…

今日、印象に残った
言葉は‥

まとめ

授業時間を「5分-35分-5分」の基本の型で固定してみましょう。「音読力、漢字力、読書力」は全教科の土台です。根気強く、毎日取り組み続けましょう。義務教育期間の9年間で土台をつくる長期的な視点をもち、大切に関わりましょう。即効性に期待し過ぎずじっくりと育てましょう。

国語　物語文の組み立て方

　教科書には魅力的な物語文が多数掲載されています。子どもたちが優れた文学に触れ、自分の考えと友達の考えを交流し、「物語っておもしろい！　もっといろんな物語文が読みたい！」と思えるような授業を目指しています。

　しかし、私がいつも冷静に立ち返るようにしている言葉は「教科書"を"教える」のではなく「教科書"で"教える」ことです。教科書教材の研究に熱が入り過ぎてしまい、「教師が物語を解説する授業」にならないように気をつけましょう。

　はじめのうちは、自分の中で「物語指導のルーティン」をつくることをおすすめします。4年生の「ごんぎつね」の事例から6つのステップを紹介します。

ステップ 1　扉絵や題名から、イメージを膨らませたり予想したりする

　物語文の最初のページを見ながら、浮かんできた言葉を交流しましょう。「ごんぎつね」の挿絵を見せるだけでも、子どもたちから、どんな言葉が出てくるでしょうか？　それらの言葉を記録化したり価値づけたりして、その後の学習につなげることが重要です。（子どもの反応例：きつねだね。ごんっていうのは名前？）

ステップ 2　教科書を読む。初発の感想を書く

　「楽しかったです」という感想だけとなってしまわぬよう、具体的な例を示すと後のステップにつながりやすくなります（例…4年光村図書「ごんぎつね」のふりかえりの型…今日のごんの気持ちは〇〇です。なぜなら△△…）。

ステップ 3　物語の設定を確認する

　「いつ」「どこ」「だれ」「中心人物」「中心人物の気持ちの変化」「場面」など、

設定をしっかり押さえましょう。学年が上がるにつれて増えていく「国語の言葉」についても子どもたちに確認する機会を与えます。前学年までの既習事項に関しては「自分で確認する力」をつけていけるよう関わりましょう。

ステップ 4 単元の指導目標につながる主発問を投げかける（言語活動と関連）

単元での指導目標に直結する主たる発問を投げかけ、目標へと近づくように支えていきましょう。言語活動も指導目標と関連したものを設定します（言語活動例…「ごんぎつね」読書会を開いて、結末について話し合おう）。

ステップ 5 言葉を拠り所に共有・交流する

根拠のない空中戦とならないようにしましょう。そのためには、教科書の言葉を拠り所に話し合う習慣を身につけることが大切です。低学年であれば会話文以外に挿絵も活用し、高学年では会話文以外の言葉も手がかりにして、自分の考えをもてる・深める子が出てくる授業をねらいましょう。

ステップ 6 ふりかえる。関連読書へとつなげる

ふりかえりの様子からも、指導目標にいかに近づけているかを知ることができます。また、物語のおもしろさが授業を通して伝われば、関連図書（新美南吉さんの他作品）へと手を伸ばす子も現れるでしょう。教師からも関連図書を積極的に紹介するなど、読書の幅が広がるよう促します。

まとめ

・筆者の言葉を丁寧に正しく受け取れる力をつけよう
作者の言葉が受け取れるなら、現実世界の周りの人の言葉も受け取れる力がついてくるはずです。
・複数の資料から、自分の考えをもつ力をつけよう
表現の軸となる自分の考えを書く活動が出口となるよう意識しましょう。

国語　説明文の組み立て方

　説明文も物語文同様に、各学期に１本ずつ取り組む自治体が多いと思います。

　私が、説明文を学習する際に、意識しているキーワードは「つながる」です。

①筆者と正しく「つながる」

②自分の書くことに「つながる」

　２つの「つながる」を念頭に置き、「説明文指導のルーティン」を紹介します。

４年生の「アップとルーズで伝える」をもとに４つのステップで説明します。

ステップ 1 　全体の構成を捉える

　まず、文章全体がどうなっているのかをつかみます。典型的な構造「はじ
め・中・おわり」の三部構造を切り口に、「形式段落の数」や「一言で言うと
何を説明している段落なのか？」など全体を俯瞰して読みましょう。

ステップ 2 　細部の事例・具体例を捉える

　説明文の「中」の部分、「事例・具体例」を中心に読み進めます。その際は、
「筆者の主張」につながる視点を忘れないように授業をしましょう。

　「事例・具体例」は、筆者が主張を伝えるために用いています。「なぜこの事
例を出したのか？」「この段落の具体例で伝えたいことは何かな？」と筆者の
存在を感じながら、読み解いていきましょう。

ステップ 3 　筆者の主張を丁寧に受け取る

　筆者と正しく「つながる」ことが説明文の一つ目の大きなゴールだと考えて
います。「おわり」の部分に直接的に書かれていたり、文章全体の構成に工夫
が凝らされていたりするため、読み手として正しく読む力を身につけられるよ

う関わりましょう。

（段落同士の関係を捉え、筆者の主張を考えるための発問例）

・どうして三段落で書いている内容を八段落でも書いたのかな？

・七段落の事例は必要だと思う？　なぜ中谷さんは写真と新聞の例を出した？

・「はじめ」も「中」も「比べる技」を使っているね。どんな効果があるかな？

ステップ 4 自分の書くことに生かす

　説明文を学んだ出口には、自分の書く場面につながるようにしましょう。それは、一言日記やふりかえりなどの些細な場面でも構いません。

　「アップとルーズで伝える」にて「段落同士を対比しながら説明する説明文」を学んだ後は、自分も、「筆者の技」を使った文章を書いてみる時間を確保します。この積み重ねだけでも、書き手としての幅も着実に広がっていきます。

【おすすめミニ活動　15分のスキマ時間でできる作文活動】

①400字詰めの作文用紙を配る

②作文のお題を発表する（例）私の好きな〇〇

③使ってほしい技を伝える（例）「中」の事例の段落同士を対比した文章を書く

④作文用紙の裏面に構成や思考ツールを書いて、イメージを広げる（2分）

⑤8分間で作文を書く

⑥5分間で自己添削や他者評価の時間をとる

まとめ

　1学期は先生が中心で読み進め、2学期は、先生が7割、子どもたちが3割程度自分たちで読んでみることも楽しい読み方です。3学期は、子どもたちが自ら読む進める時間を増やすなど、1年を通してステップアップしていきましょう。

国語　授業ネタ

　国語は高学年でも毎日１時間、低学年だと毎日２時間ある教科です。ミニゲームのネタの引き出しは、あればあるほどいいです。本やインターネット上にも、たくさんの「国語×ミニゲーム」がありますので、是非調べてみてください。私が実際に取り組んだミニゲームの中から、特におすすめのゲームを４つ紹介します。

ネタ❶【漢字】漢字いくつ書けるかな？

　既習の漢字をゲーム感覚で復習します。できるだけたくさんの漢字を書けた人が優勝です。

（例）

Ｔ：お題は、小学校で習った「５画の漢字」です。ノートにたくさん書きましょう。時間は３分です。よーい、はじめ。

※お題は何にでも応用が効きます。「２学期習った漢字」「にんべんの漢字」「ごんぎつねの本文に出てくる漢字」など、お題を変えて、楽しむことができます。

ネタ❷【話す聞く】１分ペアトーク

　ペアをつくり、じゃんけんをします。勝った人が最初に聞き役となり、ペアの人にどんどん質問を投げかけます。

（例）

Ｔ：今日のお題は「週末の過ごし方」です。聞き役の人はどんどん掘り下げましょう。１分のタイマーが鳴ったら、聞き役を交代しましょう。

※質問の例を示したり、反応の仕方を提示したりします。「聞き手」が育ってくると、生き生きと話す子が増えます。できるだけたくさんの人とペアになれるよう工夫しましょう。

ネタ 3 【語彙力】言葉の宝箱で文章をつくろう

　光村図書の国語の教科書を使用している先生は「言葉の宝箱」というコーナーが教科書の巻末にあります。先ほどのペアトークの型を利用して、以下のように語彙力を高めるゲームがおすすめです。

（例）

T：言葉の宝箱を開きましょう。今日の言葉は「ぎょっとする」「気落ちする」「くたびれる」です。３つの言葉のどれかを使い、ペアの人と例文をつくりましょう。意味がわからない場合は、調べずに、ペアの人と予想して例文をつくってください。時間は２分です。どうぞ。

ネタ 4 【漢字の広場】隣の人と漢字バトルをしよう

　こちらも光村図書の「漢字の広場」を活用した実践紹介です。

（例）

T：ペアの人と漢字バトルをします。相手が「間違えるかもしれない」と思う漢字を「漢字の広場」の中から選び、問題を出してください。ふりがなと回答欄を相手のノートに書きましょう。問題は５問、１問20点の100点満点です。さあ、どっちが勝つかな？

> **まとめ**
>
> 国語は毎日ある教科のため、隙間時間も生まれやすいです。「国語×ミニゲーム」をどんどん試して、クラスの定番国語ゲームをつくりましょう。

国語　ICTを使うなら

　繰り返し述べていますが、国語は、言葉の力を磨き、鍛える時間です。

　国語力をつけるためには「自分の考えをもつ」「他者と交流する」など、様々な活動が必要不可欠です。

　しかし、教室には、そもそも活動にうまく取り組めず「参加できない」状況が生まれている子がたくさんいます。

　たとえば、教師が「ノートに書いてね」と伝え、黒板に字を書いたのにも関わらず、ノートにまったく書こうともしない子がいたとします。皆さんは、現場でそんな子を目の前にしたら、どう感じますか？　多様な視点から想像したいものです。

　もしかしたら…面倒くさいのかもしれません

　もしかしたら…ノートを忘れたのかもしれません

　もしかしたら…黒板の字がまったく見えないのかもしれません

　もしかしたら…読み書きに大きな困難さを抱えているのかもしれません

　黒板の字をノートに写す…という、たった一つの行動だけでも、これだけの可能性があります。そして、教室には30人以上の子どもたちがいます。

　一人ひとり、すべての場面の困り事に教師が対応していくのも大変でしょう。そこで私は、合理的配慮の観点から「国語×ICT」を頻繁に使用しています。

ポイント **1** 書くことに困り事を抱える子への配慮

　書くことと国語の活動は切っても切り離せません。書く場面で困り事を抱え
ている子には、次のような関わりも選択肢の一つとしておすすめです。
（例）
・板書のまとめ等を一定時間に書くことができない→板書を写真に撮ってフォ
　ルダに整理する方法を教える
・字が薄く、ぐちゃぐちゃで友達が読めない→パソコンで考えを書く選択肢を
　促す
※字形を整える等の力は「書写」の時間を軸に指導していきましょう

ポイント **2** 話すことに困り事を抱える子への配慮

・教師の後押しがあっても、特定の子としか交流することができない
・そもそも、話すことでの交流ができない

　それらの困り事を抱える
子も、チャット機能等を使
って、授業に参加できるよ
うICTを活用しましょう。
直接話すのは難しくても、
文字では交流できる子は多
いように感じます。

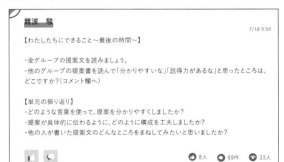

> **まとめ**
>
> 　ICTはとても「便利な道具」です。国語科の指導目標を達成するた
> めに、困り事を抱えている子には、どんどん積極的に活用していき
> ましょう。参加できなければ、楽しくないし、力もつきません。

　算数の授業は、基本的な流れが決まっています。ですので、授業の基礎基本を押さえることで、成果の上がる授業が比較的再現しやすい教科だと言えます。

ポイント 1 既習事項を軸にして授業を展開する

　算数の授業は、「既習の学習を使って未習の学習に取り組み、解決方法を導く」特徴があります。

　既習事項をもとに本時の学習に取り組むために次のような流れを心がけています。

①復習をする
②素材の提示をする
③学習問題をつくる

　①では、式や考え方など、これまで学習してきた内容を確認します。言葉や用語、公式や考え方をふりかえるようにします。

　②では、子どもの興味をひきつけるように素材の提示を工夫します。このとき、前時とのちがいが明確になるように提示します。

　③では、前時とのちがいをもとに学習問題をつくります。

既習事項を軸にした授業展開

①復習　　　　②素材提示　　　　③学習問題

ポイント 2 授業の型を押さえる

　算数の授業における基本的な授業の型は大きく分けて次の３つがあります。

○活動タイプ「〜をしよう」
○確認タイプ「〜にはどのような特徴（特色）があるだろうか」
○思考タイプ「〜はどのように求めるのだろうか」
　　　　　　「なぜ、〜なのだろうか」

　基本的に算数の授業は「問題解決型の授業」が推奨されているように感じます。しかし、単元を通してすべての授業を問題解決型の授業にすることはできません。興味づけの授業があってもいいし、計算練習の時間があってもいいと思います。

ポイント 3 子どもの言葉を引き出して授業を進める

　算数は、学習の解決の仕方が明確な文、気づいたら教師が一方的に説明をしてしまう授業になってしまうことがあります。そこで、次のような投げかけをして、子どもの言葉を引き出しながら授業を展開します。

「今日の学習は今までと何がちがうんだろう？」
「どうしたら問題が解けるんだろう？」
「どうやって解決したの？」
「なぜその考え方になったの？」

　教師が言いたい言葉を子どもから引き出して授業を進めることで、学習の理解が深まります。

まとめ
①既習事項を軸にして授業を展開する
②指導の型を押さえる
③子どもの言葉を引き出して授業を進める

算数　単元の見通し方

　算数は、型が決まっていて計画の立てやすい教科です。しかし、計画通りに進められなければどんどん遅れてしまいます。授業を通して身につける力を明確に押さえ、指導時期や方法を考えていきます。

ポイント 1 単元を通して身につける力を押さえる

　算数は、ただやり方を押さえればできるようになる教科ではありません。単元を通して身につける力を明確にし、その力を軸に学習を進めることで理解につながります。単元を通して身につける力は、

　　　・学習指導要領解説
　　　・指導書

に書かれています。

　そんな、学習指導要領解説や指導書なんて、読むのが大変だよ、という方もご安心ください。単元を通して身につける力が書かれているのはほんの数ページです。単元の計画を立てる前にちょこっと読んで内容を要約することで身につける力を押さえることができます。たとえば、4年生の平面図形の面積を求める単元なら次のようになります。

　「4年生の平面図形の面積」
　　　・面積の単位（c㎡、㎡、k㎡）について知ること
　　　・正方形及び長方形の面積の計算による求め方について理解すること
　　　　（単位正方形いくつ分を計算で求める）
　　　・L字型や凹型の図形の面積を長方形や正方形をもとにして求めること

　これは、平成29年度告示の学習指導要領解説算数編を読んで、私が要約したものです。慣れてしまえば、単元が始まる前に10分程度読めばまとめることができます。

これらの身につける力を、単元を通して授業に落としていくことで、学習の理解を深めることができます。

ポイント 2 指導時期を押さえる

　算数は、授業の流れが明確で、決まった流れで展開しやすい教科です。しかし、授業の流れが明確である分、授業を短縮して展開することが難しい教科でもあります。ですので、授業が少しでも遅れ始めると、どんどん遅れていってしまいます。そして、気づいたときには後から取り返すことが難しい教科です。ですので、指導時期をしっかりと押さえておくことは重要です。指導時期をおさえる上で、

○単元の初めと終わりはいつ頃か
　「何月何日に１時間目をするか」
　「何月何日に単元の最後の授業をするか」
　「何月何日にテストをするか」

指導時期をカレンダーに落とすことで、授業は遅れにくくなります。

単元の最後は・・・。

ポイント 3 どのような授業にするか決める

算数は、次のような授業展開があると考えられます。

- ・単元の学習の見通しをもつ授業
- ・課題の解決方法を考える授業
- ・操作活動がメインの授業
- ・学習の定着をするために練習をする授業

私自身、問題解決型の授業を展開することは賛成です。しかし、単元を通してすべての授業を問題解決型の授業にすることはできません。興味づけの授業があってもいいし、計算練習の時間があってもいいと思います。ですので、その単元のその授業に合った授業展開の仕方を考え、単元の中に設定していくことが大切です。

学習指導要領や指導書を参考にしながら、単元を通してどのような授業にしていくか決めていきます。

【単元計画の簡易例　4年生の平面図形の面積】

時数	内容	授業の型
1、2	じんとりゲーム　面積の単位を知ろう	操作活動、単元の見通し
3	長方形や正方形の面積の求め方を説明しよう	問題解決
4	長方形や正方形の面積を求めよう	計算練習
5	複合図形の面積を求めるやり方を説明しよう	問題解決
6	大きな面積（㎡）を知ろう。1㎡の正方形の上に乗る	問題解決、体験活動
7	大きな面積（a,ha,㎢）を知ろう	問題解決
8	辺の長さと面積の単位の関係について知ろう	問題解決
9、10	学習のまとめ、テスト	習熟、テスト

それぞれの時間で単元や本時のねらいを意識して授業を組み立てていきます。

【参考文献：平成29年告示小学校学習指導要領解説　算数編】

算数　1コマの
タイムマネジメント

| 導入 (8分) | 自力解決 (10分) | 話し合い (20分) | まとめ (7分) |

 ポイント1　導入

①復習

　授業の開始後、2分程度で復習をします。算数は、既習の内容を活用して学習を進めるので、復習の目的は本時に必要な内容をふりかえることです。

　以前は、学力定着を目的に計算練習で復習をしていました。身についていない子にばかり着目してしまい、気づけば授業の半分近くを復習に使っていました。当然、授業は進みませんし、学習の定着もしませんでした。そのため、復習では本時に必要な内容をふりかえり、本時の学習が充実するようにしています。

②学習問題づくり

　算数では学習問題づくりが重要です。学習問題づくりの目的は、

　前時までと本時の学習のちがいを明確にし、学習のゴールを共有すること

です。前時までの学習と本時の学習のちがいを明確にして素材を提示し、話し合いを通して学習問題をつくります。子どもの活動を充実させるために、授業が開始してからここまで、8分を目安に展開できるように心がけています。

ポイント 2 自力解決

　自力解決では、既習事項を活用して本時の問題に取り組ませます。ここでは、問題が解けるだけではなく、解決の仕方を大切にします。ここで全員が解決の仕方を理解していなくてもいいと思います。この後の話し合いで、学習の理解につなげていきます。

ポイント 3 話し合い

　自力解決で気づいた考えやつまずきについて話し合い、学習の理解を深めます。基本的な話し合い方の順番は、ペア→グループ→全体と、だんだんと話し合いを広くする順番で行われることが多いです。この順番もいいものだと思いますが、学級の実態や学習内容によって柔軟に変えていくことが大切です。

ポイント 4 まとめ

　まとめは、学習内容のまとめと、個人のふりかえりをしています。
①まとめ
　「今日はどんな学習をしましたか？」と問いかけ、学習問題や黒板に書かれたポイントの言葉を使い、子どもの言葉で学習のまとめをつくります。
②ふりかえり
　学びの過程と成果をふりかえります。「いつ、誰が、何を言ったか、わかったこと」をふりかえりの型として提示することで、内容が充実します。

> **まとめ**
>
> 　導入からまとめまで既習の内容を軸に展開をする。

計算タイプの組み立て方

　計算タイプの学習は、算数の中でも特に「できる・できない」がはっきりする内容です。だからこそ、計算の仕方を共有し、反復練習をしていきます。学習の展開として、5つのステップを心がけています。
※3年生『たし算とひき算の筆算』（東京書籍）を例に紹介

ステップ 1 問題の解き方の見通しをもつ

【365円のはさみと、472円の色えんぴつを買います。代金はいくらですか】

　「前の時間の問題と何がちがうかな？」（位が前の2桁から、3桁になっている）
　「2桁の時と同じように解けそうかな？」（解けそう。同じやり方でやってみる）
　このように既習とのちがいを確認した上で、解き方の見通しをもてるようにします。

ステップ 2 自分の力で問題を解かせる（個人）

　ステップ①で確認した見通しをもとに次のポイントを押さえて問題を解かせます。
　「式、筆算、図、言葉などを使って解いてみましょう」
　このようなことを伝えて、自力解決を促します。この際、問題の答えだけでなく求め方も考えさせたいです。また、ここで全員が理解できなくとも、ステップ③〜⑤の過程で理解できればよいので、ある程度したら先に進みます。

ステップ 3 問題を教え合う（集団）

　問題を解決できた子がミニ先生となり、問題が解けた子に丸をつけたり、問

題を解決できない子に教えたりする教え合い活動を行ったり、解決方法を話し合います。その際、

◆丸をつけるとき→「どのように考えましたか？」
◆教えるとき　　→「どこでつまずいていますか？」

と質問をしてから活動をすると、双方が考えを伝える機会になり、対話活動が充実します。

ステップ 4 問題の解き方を全体で確認する（全体）

「どんなやり方で解きましたか？　考えを発表しましょう」
位の表、図、筆算などで考える子がいるでしょう。
ただ、問題が解けたとしても解決方法があいまいな場合が多いです。
そこで、ステップ②③を通して理解した解き方を全体で共有します。
私は、発表した内容を全員が理解できるように、次のような手順で発表させています。

①解決の仕方を発表してもらう
②発表の内容を理解できた子は起立する
③理解して起立した子は座っている子にわかったことを教える
④全員が立てるように教え合いをする
⑤①で発表した子以外の子に発表してもらう

　全体発表で確認した内容を使い、反復練習をします。この際、ステップ4で確認した解き方の型が子どもたちに身についているかしっかり確認したいです。今回のたし算の筆算であれば、繰り上がりの1を書く位置を4の下に書くことで、計算ミスが減ります。これは、百の位の3＋4に1を足すだけの方が、算数が苦手な子にとって、記憶の負荷も少なく間違えにくいからです。子どもの実態に応じながら、できるようになる型を子ども自身が選択していきます。

　また、早く終わってしまった子は、解決できない子に教えたり、自分で学習する内容を決めたりして自分で考えて行動できるようにします。教師は、解決の仕方に悩んでいる子どもに個別指導をします。

　そのほかにも、単元の中で、この反復練習の場面を意図的に分散して実施していきたいです。また、必要に応じて家庭学習を出すことで、習熟を図っていくことが計算タイプの学習では必要になってきます。

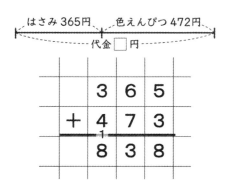

まとめ

①問題の解き方の見通しをもつ

②自分の力で問題を解かせる（個人）

③問題を教え合う（集団）

④問題の解き方を全体で確認する（全体）

⑤反復練習をする（個人）

図形タイプの組み立て方

　図形タイプの学習を理解につなげるには、具体物や半具体物の操作活動が重要となってきます。操作活動は、すぐに理解できる子もいれば、そうでない子もいます。学習の展開として、5つのステップを心がけています。
※2年生『長方形と正方形』（東京書籍）を例に紹介

ステップ 1 操作活動の仕方の見通しをもつ

【長方形、正方形の紙を下のように切ります。どのような形ができますか】
【方眼紙に、たて3cmのへんと4cmのへんの間に直角のかどがある直角三角形をかきましょう】

操作活動の仕方の見通しをもつポイントは、
- ・具体物や半具体物を整理した机の上に用意する（専用の紙）
- ・既習事項を確認して操作の仕方の見通しをもつ

です。操作活動ができない子どもは、操作活動の仕方を理解できていない場合や、机の上が乱雑になっていて操作活動ができない場合があります。ですので、その2つでつまずかないように見通しの段階で確認しておきます。

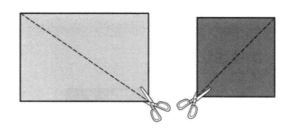

ステップ①で確認した見通しをもとに次のポイントを押さえて操作活動をさせます。

・既習事項をもとに活動をすること
・操作をするだけでなく操作から何を理解したか明確にさせること

今回の場合は、前時に正方形をつくる経験をしています。それを踏まえて、直角を意識して紙を切らせます。また、切り取ったものをもとに次のように聞きます。

「切り取った形を見て気づいたことはありますか？」

（全部三角形になった。直角が一つある、向きを変えると同じ形になった）

このように、気づきや直角三角形の特徴が出てくるでしょう。

ここで直角三角形の定義を押さえた上で、次の活動として直角三角形の作図に取り組みます。

直角三角形の定義がまだ曖昧な子どもも、この作図の活動を通して、体験的に直角三角形の特徴を理解していきます。

ステップ **3** 操作活動を教え合う（集団）
※直角三角形の作図

計算と同様、操作活動が終わってしまった子がミニ先生となり、操作活動ができた子に丸をつけたり、操作活動ができない子に教えたりする教え合い活動を行います。

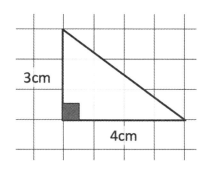

たとえば、直角三角形をかく活動では、まず教師も見本として黒板に書いてあげるとわかりやすいです。その上で、子ども同士がわからない部分を互いに教え合う場面を設定していきます。

ステップ 4 操作活動で理解したポイントを話し合う（全体）

ステップ②③は、「具体」に特化した活動でした。

全体の話し合いでは、「具体」を「抽象」にしていき、学習の理解につなげます。

①全体の前で操作活動をする（直角三角形をかく）
②操作活動を通してわかったことを発表する（三角形のかき方のコツを整理）
③発表を理解した子は起立をする（確認）
④全員が立てるように教え合いをする（教え合い）
⑤学習のまとめをする（まとめ）

ステップ 5 練習問題に取り組む（個人）

学習のまとめをした後に、練習問題に取り組みます。図形の作図の場合も計算単元と同様に反復練習が大切になります。ただし、正しいやり方で作図をしなければ、いつまで経っても上達しません。定規の使い方や直角のかき方など、基本的な使い方をもう一度復習して、学習に取り組んでいきたいです。

また、今回の直角三角形をかく活動の場合、作図したものに長さや直角マークをかくことで、作図の間違えが減るとともに、直角三角形の定義をより理解できます。

授業や家庭学習の中で多作することで、作図に慣れていきます。

まとめ

①操作活動の仕方の見通しをもつ

②操作活動をする（個人）

③操作活動を教え合う（集団）

④操作活動で理解したポイントを話し合う（全体）

⑤練習問題に取り組む（個人）

算数　授業ネタ

　4年生で学習するわり算の筆算。5年生でも6年生でも使う計算方法ですが、定着のしにくい計算方法でもあります。わり算の筆算は、次のような手順で行われます。

①たてる
②かける
③ひく
④おろす
⑤①～④の繰り返し

　理解している人にとっては簡単ですが、そうでない子にとってはなかなか覚えることができません。そんなとき、体を使った「わり算の筆算体操」をしてみてはいかがでしょうか？　体を使いながら手順を唱えることで、わり算の筆算の仕方を理解することができます。

ポイント 1 　わり算の筆算体操

①たてる　　　　　　…　両手を縦にして「たてる」
②かける　　　　　　…　両手を×の形にして「かける」
③ひく　　　　　　　…　両手を一直線にして「ひく」
④おろす　　　　　　…　一直線にした両手を下に「おろす」
⑤①～④の繰り返し　…　何度も楽しそうに繰り返す

　言葉だけでは理解したり覚えたりできなくても、体を使うことで覚えたりできるようになる子がいます。また、すでに理解したり覚えたりしている子も体を使うことで、学習を楽しむことができます。

① たてる ② かける ③ ひく ④ おろす

ポイント 2 　担任が楽しそうに体操をする

　体を使う活動は、ある子にとっては楽しい活動にはなりますが、ある子にとっては恥ずかしいと感じてしまう活動になってしまいます。

　そこで、まずは担任が楽しそうに体操をすることがポイントです。担任が楽しそうに体操をし、それに釣られて楽しそうに活動する子をだんだんと増やしていきます。そうすることで、子どもにとって楽しい活動にすることができます。また、恥ずかしくてできない子にとっても、体を動かすことができるようになります。

ポイント 3 　問題を解くときに体を使わせる

　体操をさせて終わらせるのではなく、問題を解くときにも体を使わせます。すると、

　「最初は立てるだよな」「次はかけるで」「その後に引く」「最後におろすだな！」というように、体を使ってわり算の計算方法を確認しながら問題に取り組むことができます。慣れてきたら体を使わなくともスムーズに計算できるようになります。

> **まとめ**
> ①わり算の筆算体操で学習を楽しむ
> ②担任が楽しそうにすることがポイント
> ③慣れてくるまで、問題を解くときにも体を使う

算数　ICTを使うなら

　算数の学習は、考え方の共有が欠かせません。黒板を使って発表して考え方を共有するのですが、細かい作業を発表する場合、わかりやすく説明することはなかなか難しいものです。そんなとき、「動画でストップモーション」をしてみてはいかがでしょうか？　ストップモーションとは、

> 　映画やテレビの画面で動きのあったものすべてが急に動きをとめ、静止画となって提示されること。また、その手法。
>
> 　　　　　　　　　　　　　　　　　　　　　「大辞林第三版」（三省堂）

です。発表する内容を動画で撮影しておき、動画を止めて説明することで、わかりやすく説明することができます。

ポイント 1　ストップモーションの手順

①動画を撮影する
②動画を再生する
③動画を止める
④止めたところでポイントを説明する
⑤①〜④の繰り返し

です。特に、分度器や三角定規やコンパスの使い方や、図形の操作活動をするときに効果的です。ストップモーションは、③の動画を止める場面が重要です。たとえば次のような活動が考えられます。
　・教師が動画を止めて何をしているか全体に確認する
　・教師が動画を止めて発表者が全体に説明する

・発表者が動画を止めながら説明する

ポイント 2 黒板にポイントを残す

　ストップモーションの弱点は、「ポイントが残らない」ことです。ストップモーションは動画ですし、発表は言葉です。どちらも学習の足跡として残しておくことができません。

　そこで、子どもの発表したポイントを黒板に残します。

　動画を止めて子どもがポイントを発表したら、その言葉を言いながら板書します。板書することで、ポイントも残すことができます。

ポイント 3 他の子に発表してもらう

　学習の理解を広げるために、同じ動画を使って他の子にもストップモーションで発表させます。黒板に残されたポイントを使って発表することで、学習の理解をより深めることができます。また、特定の子だけでなく、学級全体でストップモーションをしながら黒板のポイントを確認することも効果的です。

まとめ

①動画を撮影する
②動画を再生する
③動画を止める
④止めたところでポイントを説明する
⑤①～④の繰り返し
※ポイントは黒板に残す

社会　基礎基本
―ここを徹底しよう―

ポイント 1　資料を精選しよう

　社会科では、教科書・副読本・資料集・地図帳など様々な場所に資料があります。どの資料を使うか悩んでしまうのではないでしょうか。資料は、必ずしも全部使う必要はないでしょう。資料を精選して子どもたちに提示するのがよいです。精選するポイントとして、『小中社会科の授業づくり　社会科教師はどう学ぶか』（東洋館出版社）の中で石井正広氏が4つのポイントを挙げています。

①学習のねらい（学習内容の獲得）を実現することができるもの
②児童にとって親近感があり、興味や関心が高まるもの
③児童の知らない意外性があり、問いが生まれやすいもの
④児童の力で読み取ったり扱ったりすることができるもの

　以上のポイントで資料を精選し、授業で活用するようにしましょう。

ポイント 2　教科書・副読本・資料集・地図帳はどう使うの？

　社会科の授業の中で大きな悩みとして教科書・副読本・資料集の使い分けがあるのではないでしょうか。私が初任の年にも非常に悩みました。学年に応じて、使い方を紹介します。

【3・4年生】教科書・副読本・地図帳

　まずは、副読本をメインで活用します。教科書を活用する場面としては、一通り副読本で学習を終えた後に活用します。活用する目的は、子どもたちが住んでいる市や県と教科書に掲載されている地域を比較するためです。地図帳も活用します。3・4年生では、自分の住んでいる地域や県、日本のどこに位置

しているのかを調べる際に活用していきます。地図帳クイズ等をすると使い方を楽しく覚えることができます。

【5・6年生】教科書・資料集・地図帳

　5・6年生の社会科では、教科書をメインに授業を進めていきます。授業の中で「調べる」時間になったとき、資料集を活用します。教科書より詳しい情報が書いてあるので、積極的に活用するとよいです。

　学年を通して、ノートに残すものは、学習課題・資料に見えること・資料からわかったこと・まとめ（ふりかえり）にすると見やすいノートになります。

ポイント 3 資料の読み方・見方を教えよう

　社会科の授業で切っても切り離せないのが、「資料から読み取る」ということです。資料を子どもたちに提示して「読み取りましょう」というだけではいくらなんでも無理です。資料の読み方・見方を子どもたちに教えましょう。教えるポイントとしては以下の通りです。

〈例〉

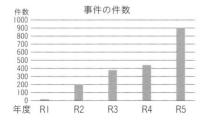

・これは何のグラフなのか見る
　（グラフの題）
・縦、横軸は何を表しているか
・どのように変化しているか
・なぜ多くなっているのか考える
・それぞれの年で大体何件起こっているか

まとめ

社会科の授業では、調べれば調べるほど子どもたちに伝えたい内容が増えてきます。そこで、しっかり立ち止まって子どもにつけたい力は何なのか。教えるべきところと子どもたちに考えさせるところを考え授業に臨みましょう。

【参考文献：『ゼロから学べる社会科授業づくり』佐藤正寿・長瀬拓也編著　明治図書出版
『小中社会科の授業づくり社会科教師はどう学ぶか』澤井陽介・唐木清志編著　東洋館出版社】

社会　単元の見通し方

社会科には、テーマに沿って単元がいくつか集まって大単元という大きな学習のまとまりを構成しているものがあります（例は以下の通り）。

単元を見通す上で一番はじめにすることは、教科書や副読本を単元丸々一読することです。一読する中で子どもたちにどのような資料を提示するのか。つけさせたい力は何なのかを理解することができます。その後、学習指導要領解説を読み、つけさせたい力をより明確にしていきます。

社会科の単元は主に以下のような構成になっています。

つかむ	見通す	調べる	まとめる	広げる	（生かす）

つかむ・・・子どもたちの問いを出し、これからの学習の方向づけを行う
見通す・・・学習計画を立てる
調べる・・・問いを解決するために、資料を使い調べる
まとめる・・・学習をまとめる
広げる、生かす・・・学習したことを広げ自分ができることがないか考える

ステップ 1 　副読本や教科書、学習指導要領解説を読み単元全体のイメージをもとう

私が次にすることは、単元末にアウトプット課題を設定することです。単元の流れが一通りわかったらまとめとして、学びをアウトプットする課題を設け

ます。そのゴールに向かって授業を構築していきます。1時間の授業の終わり
に子どもにどのような姿が見られればよいのかを言語化しておくと、手立てが
子どもにとってよいものだったのかふりかえる材料になります。以下は私が実
際に書いたものです。

 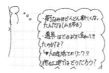 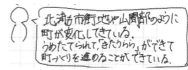

〈アウトプットする課題の例〉

・新聞でまとめる　　　　　・プレゼンテーションをつくる

・模造紙にまとめる　　　　・CMをつくる

・意見文を書く

ステップ 2 単元を見通して、アウトプットする課題を設け、子どもの姿を言語化しよう

　一通り準備が終わると、子どもたちに提示する資料の準備をします。教科書
や副読本の資料でどうしても足りない場合は、町の図書館に行ったり資料館を
訪ねたりして資料を集めます。ですが、私は、基本的に副読本や教科書の資料
を使い、新たに資料を集めることはあまりありません。

まとめ

　単元全体を一読することで子どもにつけたい力のイメージをつくり、
そのイメージを具現化するためのアウトプット課題を設定します。
その後、資料を印刷やダウンロードすることで、不必要な資料を準
備する必要がなくなります。

社会　1コマの
タイムマネジメント

社会科の1時間の授業のベーシックな進め方について紹介します。

前時までの 学習の確認 〔5分〕	本時の学習 内容の確認 〔10分〕	調べる 〔20分〕	まとめる 〔5分〕	ふりかえり 〔5分〕

ステップ 1 前時までの学習の確認と本時の学習内容の確認

　子どもが授業のつながりを感じることができるように、前時までの学習を確認します。大切なのは以下の2つのポイントです。

　①丁寧にかつ短い時間で

　②多くの子どもを巻き込み、みんなで学習する雰囲気をつくる

　その後、子どもから出てきた問いをもとに子どもと学習課題を作成します。そして、学習課題に対する子どもの予想を立てさせ、共有し板書します。

〈学習課題の例〉

　・私たちの学校の周りはどのように変化してきたのだろうか。

　・3人の天下統一への進め方の同じところやちがうところはどこだろうか。

※学習課題は、「〜だろうか」のように問いの形のものがよいです。なぜなら、本時のねらいを達成できたかを子ども自身が把握するためです。

ステップ 2 資料を使い調べる

　資料を提示し、実際に調べていきます。学年にもよりますが、中学年だと教科書の資料を子どもに提示し、「資料から見えること」、「資料からわかること」をノートに記入をさせ、クラス全体で共有します。

　高学年の場合は、教科書や資料集のページを指定して、その中から課題解決

ステップ 2 資料を見て子どもの意見を引き出そう（調べる）

市街地の移り変わりの写真を白黒で印刷したものをバラバラに黒板に貼り、「これを古い順に並べましょう。白黒で印刷するのは、カラーか白黒かで判断させないためです。一番左が古いものです。そして、そのように並べたわけをノートに書きましょう」と子どもに指示を出します。4〜5名意見を発表させ、同じところやちがうところを整理して板書します。

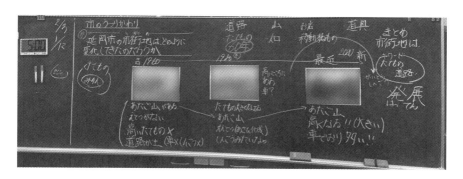

ステップ 3 キーワードを使ってまとめをしよう（まとめる・ふりかえり）

まとめの書き出しは「市街地は」で統一し、キーワードとして、「建物・道路の変化」を提示することで、まとめをする際の補助となるようにします。まとめを共有し、「市の他の部分はどのように変化しているのかな？」と問いかけ、次時からは、それについて調べていくことを伝え、どのように変化するかの予想を立てさせ終了します。

> **まとめ**
>
> 単元の導入では、この時間で確実にこれからの学習の方向づけを行う必要があります。子どもと時期や時間の経過で変わっているところと変わっていないところに注目していくことを共有し、次の時間への方向性をもたせることが大切です。

【参考文献：『深い学びに導く社会科新発問パターン集』 宗實直樹 著（明治図書）
『小中社会科の授業づくり社会科教師はどう学ぶか』澤井陽介・唐木清志 著 （東洋館出版社）】

社会　4年生の授業の組み立て方

　今回は、「水はどこから」の授業の1時間の流れを紹介します。

　この授業では、学校にある蛇口を数え学校の水はどこを通っているのかを調べる時間になります。

前時までの 学習の確認 〔5分〕	本時の学習 内容の確認 〔10分〕	調べる 〔20分〕	まとめる 〔5分〕	ふりかえり 〔5分〕

ステップ 1　授業の導入をしよう（学習の確認）

　授業の導入で、「水を飲むときにはどこから水を出しますか？」と問いかけます。そうすることで、水は蛇口から出てきているということを子どもたちに改めて理解させます。さらに、「蛇口は学校でいくつあるでしょう？」と問いかけ、子どもたちに学校全体で蛇口がいくつあるかの予想を立てさせ共有します。ここでできるだけ多くの子どもを発表させ巻き込みます。

　そして、学習課題「蛇口から出てくる水はどこからやってくるのだろうか」とします。

ステップ 2　実際に調べてみよう（調べる）

　実際に学校全体の蛇口の数を調べに行かせます。この際に注意するべきことは、時間と目的、担当する場所を明確に分けることです。それを記入したものをタブレットに配布し、いつでも確認することができるようにするとよいです。
〈例〉
時間・・・15分ほど
目的・・・蛇口の数を調べる。蛇口を見て気づいたことを持ってくる。
担当する場所・・・Aグループ〇〇教室

教室に入るときは、ノックをして「〇〇先生、社会科の授業で学校の蛇口の数を調べにきました。入ってもいいですか？」と聞くこと。ダメだった場合は、数だけ教えてもらうことという約束を確認します。

それぞれの場所の蛇口について調べ、教室に戻り蛇口の数はいくつだったか、蛇口を見て気づいたことはないかクラスで共有します。「蛇口に何かつながっていた」というような言葉が出てくると予想されるので、そこから「水はどこからやってくるのでしょう？」と問いかけ、子どもに予想を立てさせた後、教科書の資料から調べさせます。わかったことをノートに書かせ黒板で共有します。

ステップ 3 まとめ・ふりかえりをしよう（まとめる・ふりかえり）

わかったことを共有し本時のまとめを行います。キーワード「蛇口の水、水道管など」を提示してまとめさせます。その際に書き出しを「蛇口の水は、」から、固定することにより子どもが学んだことをもとに、自分の言葉でまとめを作成することができるようにします。

まとめ

担任が見えないところに子どもたちを動かす場合は、なぜそこに行くのか（目的）、何分になったら帰ってくるのか（時間）、担当する場所を決めておくことが必要です。

もっと丁寧に指導するとしたら、子どもと教室に入る際の問答を練習してから教室を出ることで、子どもたちがスムーズに調べ終え、教室に帰ってくることができるようになります。

社会　授業ネタ

ネタ ① 資料提示の方法を工夫しよう

　社会科の一番基本的なネタとして資料提示の方法があります。資料提示を工夫することによって、子どもが課題感をもって学習に臨むことができるようになります。

【提示方法】

　①隠す

　　資料の注目させたいところを意図的に隠すことで子どもの注目を集められます。資料を印刷した後に画用紙で隠すことで簡単に準備できます。

　②アップとルーズ

　　アップしたものやルーズした資料を見せることで、細かいところを見たり、全体を俯瞰して見たりしてほしいときにこの方法を使います。

　③並べる・比較する

　　資料を並べ比較することにより、そのものの変化に気づくことができるようになります。

ネタ ② 子どもに注目させよう

　私たちは、資料を提示することで、子どもたちに気づかせたいことがあります。しかしながら、提示の工夫をしてもなかなかうまくいかないこともあります。そんなときに使える方法を紹介します。

　資料の方を見てじーっと考え込むふりをします。すると子どもたちから「先生どうしたんですか？」と聞いてくることでしょう。そこで一言。「先生気になることがあるんだけど聞いてくれる？」「なんでここってこうなってるのかわからないんだよね…」とつぶやきます。すると、子どもたちの中から「ほんとだ…」などの声が聞こえてくることでしょう。そうすることで、子どもに強

制感なく着目してほしい点に着目させることができます。さらにこの方法を使うことで、「先生もわからないことがあってそれを聞くんだから、みんなだってわからないことがあってもいいのだよ」ということを暗に伝えることができ

ます。

ネタ 3 帯活動について考えよう

　学習内容によっては、授業に弾みをつけ、学ぶ雰囲気をつくるために帯活動を年間または、学期を通して行います。その具体例をいくつか挙げていこうと思います。

〈3年生〉
　・地図記号クイズ

〈4年生〉
　・地図記号クイズ　　　　・市町村クイズ　　・蓬莱カルタ

〈5年生〉
　・都道府県クイズ　　　　・都道府県カルタ

〈6年生〉
　・都道府県クイズ　　　　・歴史上の人物クイズ

まとめ

　教師が様々な手立てをもち、自分のクラスの子どもたちの反応を見てより反応がよいものを選んでいきましょう。子どもたちの様子を見ながら使い分けをすることができるようになると、とてもよいと思います。

社会　ICTを使うなら

　社会科のICT活用に関して紹介します。今回は主に「資料共有」「成果物の作成」「ふりかえり」の3つの柱で紹介します。

【資料共有】
　社会科でメインになると考えられる使い方です。授業支援ツール（ロイロノートなど）を活用し資料を配布します。そして、気づいたことに印をつけます。これまでは、紙の資料を使って行っていたものです。しかし、ICTを活用することで写真だけでなく、画像を加工したり動画を送ったりすることもできるようになりました。下のイラストは実際に私が授業の導入で、資料を加工して子どもに配布したイメージです。

　ICTのよさは、子どもが必要に応じて資料をアップやルーズを使い分け調べることができる点にあります。

【成果物】
　社会のまとめをする方法（これまで）
　・水道新聞のような新聞をつくりまとめさせる。
　・グループに1枚模造紙を配布しまとめをつくって配布する。

ICTを使うと……

・タブレットを使い、新聞作成

　→写真やイラストを容易に入れて作成することができる。

・プレゼンテーションでまとめる

　→タブレットを使い共同編集することで、全員で作業をすることができる。

【ふりかえり】

　私たち教師が、子どもがどのように学習に向き合っているのかを把握する方法として、ふりかえりがあります。ノートに書かせる方法もありますが、毎回チェックするのは大変です。そこで、ふりかえりにもICTを活用します。

～ロイロノートでふりかえりを作成する～

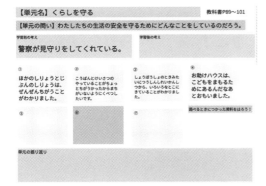

　左の写真のようにカードを配置して、作成します。子どもに書かせたものを蓄積して学びを見取るための一つの資料として活用します。

　共有をすることで、子どもが自然とお互いのふりかえりを見て感想を言い合うようになります。

まとめ

タブレットでは様々なことをすることができます。しかし、「タブレットで！」「紙で！」と限定的に考えるのではなく、目の前の子どもに合った方法でICTを活用しましょう。

【参考文献：『宗實直樹の社会科授業デザイン』　宗實直樹　著（東洋館出版社）】

理科　基礎基本
─ここを徹底しよう─

　理科の学習で最も気をつけないといけないことは間違いなく「事故」です。どれだけ楽しい理科の学習を展開しようとも、一つ事故が起きれば、子どもたちにとって悲しい悲しい時間になってしまいます。事故を防ぐためには、指導者による事前準備はもちろんのこと、子ども自身の「自分の身は自分で守る」という認識を十分に育てておく必要があります。

ポイント 1 チェックを入念に！

　3年生の理科の学習では、校内に昆虫があまりいない場合、校外に野外観察に出かけることもあるかもしれません。仮に草むらに行く際には、服装にも注意が必要です。害虫から身を守るためには長袖や長ズボンが必須です。お便りで事前に保護者へと呼びかけておきましょう。4年生以降は、ガラス器具（ビーカーなど）を用いた学習も始まります。ガラス器具を学習で使用する場合は、器具に欠けがないか、ヒビが入っていないか、ということは必ずチェックしておきましょう。少しでも欠けやヒビがある場合、加熱により、割れてしまう可能性があるため、使用は控えるようにし、廃棄します。

　実験用ガスコンロを用いた加熱実験においても事前のチェックが大切です。点火しにくいものは使用を控えるようにしましょう。ガス漏れにより、子どもが救急車で搬送されるという事案がこれまでも起きています。ガスコンロだから安全というわけでは決してないので、気をつけましょう。

※一般的に実験用ガスコンロの買い替え目安は10年と言われています。使用目安期限を過ぎている場合は理科主任や管理職に相談しましょう。

ポイント 2 理科室のルールを徹底

　ここでは、最低限、理科室で守ってほしい6つのルールを紹介します。

①実験が始まる前に服装を整える（髪が長い人はゴムで括っておく）。
②理科室で走ったり、ふざけたりしない。
③火を使う実験では、ぬれ雑巾を用意する。
④火を扱う実験では、椅子は机の下に片付けて立って実験する。
⑤実験中は、実験や記録に必要なものだけを机の上に出す。
⑥先生の指示があるまで実験道具には触らない。

　これら６つのルールを紹介する際には、「なぜ、このようなルールがあるのか？」と子どもたちに問いかけながら、やり取りするとよいです。また、「これら６つのルールを守れない場合は、理科室は使えません」。このように、はっきりと子どもたちに宣言してもよいでしょう。先生がそれだけ、みんなの体のことを大切に考え、理科の授業に取り組んでいる。そんな思いが伝わるように説明することが大切です。

ポイント 3 もしものときの応急処置

　火傷に関しては、先に処置方法を教えておきましょう。「少しでも熱いものに触れてしまったと思ったときには、すぐに流水で冷やす→その後、先生に報告する」という手順を徹底して指導しておきます。この指導をしていないと、授業後に、「先生、実は…」と報告に来る子も出てきてしまいます。まずは、冷やす！　これを徹底しましょう。
※ケガの報告は必ず管理職、養護教諭にも伝えておきます。

まとめ

　安全面には最大の注意を払い、授業づくりに取り組むことが大切です。また、子ども自身に応急処置の方法を指導しておきましょう。

理科　単元の見通し方

粒子領域である４年生「ものの温度と体積」（第１時）を例に取り上げます。

ステップ 0　準備物や単元の目標をチェックし、予備実験を行う

　指導書などを読み込み、実験で必要な消耗品は揃っているのか？　実験器具がそもそも学校にあるのか？　そうしたところを事前に確認しておく必要があります。この確認を怠ると、授業前日に焦り、「自腹を切って準備しようか…いや、動画で済ませてしまおうか…」というようなことになります…。

　予備実験で大切なポイントは３つです。

①教科書通りの実験結果になるのかをチェック
②観察や実験にどれくらい時間を要するのかをチェック
③安全面の注意点をチェック

　まずは一通り教科書に載っている実験をやってみます。何度やっても教科書通りの実験結果が得られない場合は、教科書会社に問い合わせるのも一つの方法です。観察や実験の時間は15〜20分が目安です。手順の説明に時間がかかりそうな場合、スライドや動画を準備しておくとよいでしょう。子どもたちが火傷をしそうな場面があれば、事前に注意を促すような声かけも必要になります。ここから第一時（単元の導入）の具体を見ていきましょう。

ステップ 1　導入―少しの工夫でより魅力的に―

　ある教科書では、やわらかいペットボトルをお湯や冷水に入れることで、ペットボトルの凹み具合が変わることを導入として扱います。この際、いきなり実験をスタートしてもおもしろいですが、あえて先生が実験の様子を隠して演

示することで子どもの注目を集めることができます。「隠す」というテクニックは、どの教科においても使える有効な手段です。

箱の中で何してると思う？！

ステップ 2 展開―体験活動の充実を―

　展開では、子どもたちに十分な実験の時間を確保します。何度も実験を繰り返すことで、「冷水に入れると凹む」「お湯に入れると元に戻る」「お湯が冷めてくると、膨らみづらくなってきたよ」というような発言が出てきます。１回の実験では、「お湯が冷めると…」という気づきは生まれません。時間をかけることで、「温度が関係している？」という発想にもつながるのです。

ペットボトルをお湯や氷水につける

まとめ

　予備実験、魅力的な導入、体験活動の充実を意識し、単元を見通しましょう。

理科　1コマの タイムマネジメント

導入	問題の 見出し	予想	解決の 方法	結果の 見通し	観察、 実験	結果、 考察	結論・ ふりかえり
		〔15分〕			〔20分〕		〔10分〕

ポイント 1 問題解決の過程

　理科の学習では、「問題を科学的に解決していく」ステップが重要です。学習指導要領を基に、「問題解決の過程」を図で表してみます。

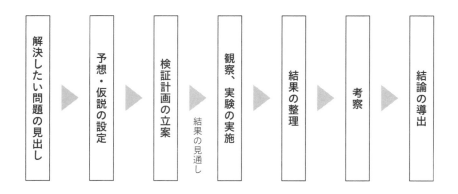

解決したい問題の見出し	▶	予想・仮説の設定	▶	検証計画の立案	▶	観察、実験の実施	▶	結果の整理	▶	考察	▶	結論の導出

結果の見通し

　この過程を授業に落とし込んだものが、上のタイムマネジメント表になります。基本的には、45分間（2時間連続の場合は90分間）で、これだけのステップを踏むことになります。教科書も当然ながら、この順序で組み立てられています。しかし、実際のところは、45分でこれだけの過程をこなすのは、理科の学習に慣れてきた高学年でもかなり大変です。そこで重要になるのが「活動に軽重をつける」という考え方です。たとえば、観察、実験に時間がかかりそうな場合には、結果の整理や考察は次の時間に回してしまうというのも一つの手

段です。時には、「解決したい問題の見出し」や「検証計画の立案」で45分間が終わることも出てきます。このように上記の問題解決の過程を基本としながらも、その時間の活動のどこに焦点を当てるのかにより、タイムマネジメントも変わってきます。「45分で授業が収まらない…」そんな初任者の方の声を聞くことも多々あります。ぜひ、どこに焦点を当てるのかを考え、授業づくりを行ってみてください。

ポイント **2** 観察、実験が中心

ポイント1で、「軽重をつけましょう」と記しましたが、「ここだけは時間を削らないで！」という活動があります。それが「観察、実験」の時間です。ここは理科の学習の核となる時間です。この時間は少なくとも15分、できれば20分は確保するイメージで授業を組み立ててください。自らの諸感覚（目、耳、鼻、手など）をフル活用して観察に取り組み、気づきを表現することでより豊かな自然理解へとつながっていきます。

ポイント **3** 片付けの時間も考慮して

担任をしながら、理科の授業を担当する場合は、片付けも授業時間内に入れることを意識します。子どもたちにもお手伝いしてもらうことで、教師の負担減にもつながりますし、子どもたちにとっても器具の配置などを覚えることができ、双方にメリットがあります。

まとめ

問題解決の過程を基に、授業を組み立てましょう。一方で、45分ですべてをやり切る必要はありません。その1時間で大切にしたいことは、「問題づくり？」「予想？」「検証計画の立案？」「考察？」…どこが中心になるのかにより、タイムマネジメントも変わってきます。

理科　理科室での授業の組み立て方

6年「水溶液の性質」の1時間目についての実践例をご紹介します。

ステップ 1　導入—どれが何の水溶液かわかるかな？—

　6種類の水溶液を入れたビーカーにA～Fと書いたラベル（物質名は伏せる）を貼った状態で子どもたちに提示をします。子どもたちには「これらのビーカーに入っている水溶液は食塩水、炭酸水、石灰水、重曹水、そして今回の学習で初めて登場する、塩酸、アンモニア水と呼ばれる薬品の計6種類です。見た目はどれもそっくりだけど、どれに何が入っているかわかるかな？」と発問し、学習をスタートします。

　この単元の最後には、6種類の物質名が書かれていない水溶液を判別する学習を行います。「見た目だけでは区別がつかないものをどうやって判別できるんだろう」「この単元を進めていけば、最後にそんな力がつくんだな」といったような見通しや疑問を子ども自身が感じることができる導入となります。

　また、この導入で、子どもたちに、ルールの確認を行います。
「実験道具を運ぶときはトレーを両手でしっかり持って、移動する」
「実験道具を取りにいく人は一方通行で、人とぶつからないようにする」
「薬品を扱う際には安全メガネをかける」
といった当たり前だけど大切なことをしっかりと意識させます。

ステップ 2　展開—判別してみよう—

　次に、「子どもたちに一番手軽に、水溶液の特徴をつかむ方法は何？」と尋ねてみます。子どもたちからは、「見た目！」「においを嗅ぐ！」といった方法が返ってきます（あと、大体「飲む！」っていう子が一人はいますね…。もちろん、理科室にあるものは口に含まないことを徹底して指導しましょう）。

ここで子どもたちに、薬品のにおいを嗅ぐ際の方法を指導します。この指導は、ここでしておかないと、小学校で指導するタイミングが他にありません。「手で仰ぐようにして、においを嗅ぐ」。この技能を身につけさせます。

　見た目、においを確認し、「泡が出ている水溶液があること、他にも鼻をつくような特徴のあるにおいがあること」を共有し、それぞれの水溶液が何なのかを紹介します（例　Ａ：食塩水　Ｂ：炭酸水　Ｃ：うすいアンモニア水　Ｄ：うすい塩酸　Ｅ：石灰水　Ｆ：重曹水）。

ステップ 3 　今後の見通し―他に何ができる？―

　見た目、においで「炭酸水」「うすいアンモニア水」が判別できることを確認し、「他の４つはどう判別する？」と尋ねてみましょう。ここで、既習事項から「蒸発させてみる！」「二酸化炭素を吹き込んでみる！」と返答をした子どもは大いに称賛しましょう。

　ちなみに「蒸発させてみて判別がつくのは、うすい塩酸」、「二酸化炭素を吹き込んで判別がつくのは、石灰水」となります。では、食塩水と重曹水はどう区別するのか？　どちらも蒸発させると白い粉が残ります。ルール上、口に含むこともできません。そこで、必要となるのが…そうリトマス試験紙ですね。このようにリトマス試験紙もいきなり提示するのではなく、子どもたちが必要だと感じたときに、提示できると必然性が生まれます。

まとめ

　安全面に配慮しつつ、今後の見通しがもてる１時間にしていきましょう。

理科　教室での授業の組み立て方

3年「ものの重さを調べよう」の実践例をご紹介します。

ステップ 1　第一次　―重さランキングをつくろう―

導入では、身の回りのものをいくつか提示し、「重さランキングをつくってみよう」と子どもたちに投げかけます。その際、見た目がちがうのに重さが同じもの、見た目が似ているのに重さが異なるもの、などを素材に含ませます。
（例：そのままの折り紙と紙飛行機、同じ容量のスチール缶とアルミ缶など）

子どもたちは手で二つのものの重さを比べながら、ランキングをつくっていきます。この際、ぜひ、タブレット端末を活用し、提出された回答を比べてみてください。大抵、重さランキングにちがいが生まれます。回答を比べ合うことで、「手で持った感覚は人によって異なる」という実感が生まれ、「電子ばかり」の必要性が出てきます。

また、「悩んだところ」なども聞いてみましょう。もしも、「折り紙は折っているだけだから、重さは変わらないはずだけど、よくわからなかった」「缶は同じ見た目だけど、重さがちがう感じがした」という返答があった場合には、次時以降の「形が変わると、重さはどうなるのか？」「体積が同じでも、材料がちがったら重さはちがうのか？」という学習問題につながります。

このように、理科の学習では、後の学習問題へとつながる導入を意識するようにしてみましょう。

ステップ 2　第二次　―形が変わると重さは変わる？―

子どもたちはすでに、折り紙は形を変えても重さが変わらないことを知識として獲得しています。その上で、「他の材料だったらどう思う？」と粘土やアルミホイルを提示してみましょう（「えっ、折り紙だけで十分じゃないの？」

と思われた方もいるかもしれませんね。でも、他の素材でもやってみることは
とても重要です。もう少し詳細を…)。

　大きさが同じ粘土（同じ重さ）を提示し、一つを潰して見せます。何人かの
子どもに実際に手で重さ比べをしてもらいましょう。またアルミホイルもペラ
ペラの状態と丸めたもの（同じ重さ）を比べさせます。アルミホイルの場合は、
「丸めると空気がふくまれて、重くなるのではないか？」と結果が変わると考
える子どもも出てきます。実際には重さは変わりませんが、こうした予想をす
る子どももいるため、複数の素材で一般化を図ることがとても重要なのです。

※実験のセットは班ごとにトレーに入れておくと配布がしやすくなります。

　また、この実験では、タブレット端末を用いたデジタルワークシートが効果的です。形を変える前の粘土と、形を変えた後の粘土の様子と重さを写真に収めるだけで、友達との結果の記録の共有がしやすくなります。たくさんのデータを比較することでエラーデータも確実に減ります。

まとめ

　導入は後の学習問題へとつながるような出合いを考えましょう。タ
ブレット端末のカメラ機能が生かしやすい単元なので、積極的に活
用しましょう。

　多くの小学校では、夏休みの宿題として自由研究が出されていると思います。でも、自由研究を学校でどう指導するのかが紹介されている書籍などはあまり見かけません…。このページでは、そんな自由研究の指導についてご紹介します。

ステップ 1 自由研究体験をしよう

　自由研究は基本的に、学校で行う授業の流れ（問題解決的な学習）を、自力でやっていくというものです。しかし、いざやってみようと言われても何からやっていいのか、どんなテーマでやればいいのかがわからないものです。そこで、先生からテーマを一つ与え、夏休みに入る前に、授業時間を用いて、自由研究の体験を行います。おすすめのテーマが「ストロー笛」です。材料がストローのみなので、手軽に実験ができます。

方法

　ストロー（直径6mm）を長さ5cmほどに切り、先端を軽く潰し、両サイドを写真のように切ります。あとは、切り口を口にくわえ、息を吹き込みます。

唇を少し内側に巻き込むようなイメージで吹くと「ブー」と音が鳴ります。音が鳴りにくい場合は、先端を指でもう少し潰すようにしてみてください。音が鳴り始めると、子どもたちはしばらくの間、ストロー笛を楽しんでくれます。

ステップ 2 条件制御について

　次に、子どもたちに「音の高さを変えようと思ったらどうすればいいと思う？」と尋ねてみましょう。子どもたちからは、ストローの長さや太さといった回答が返ってくるでしょう。ここで、こんな例えを出してみます。

　「【長さ７cm、直径６mm】、【長さ５cm、直径12mm】の２本のストローで音の高さ比べをしてみようと思います」

　条件制御についてすでに学んでいる５年生以降であれば、「条件が揃っていない！」とツッコミがほしいところですね。３、４年生であれば、「仮に音の高さがちがっても、長さが原因なのか、太さが原因なのかがわからないよね」という話をし、「音の高さと、ストローの長さが関係すると思うなら、太さは揃えて置かないといけない」「変える条件は一つだけ」という約束を教えます。自由研究で自分のテーマになったときも、この考え方がすごく重要になります。

ステップ 3 自分の研究テーマを設定する

　最後に、自分の研究テーマを決めます。最初から「この研究がしたい！」と決まっている子どもはごく少数です。最近では「自由研究」とネットで検索するだけでも、理科のネタがたくさん出てきます。子どもたちには、自分の興味のあるものをやってみるように促しましょう。まずは真似でもいいことを伝え、できるだけ自由研究に対するハードルを下げることが大切です。その中で、「材料を追加したり、新たな疑問が生まれたりしたときには、それはオリジナルの自由研究になっているよ」と子どもたちに説明をします。自由研究のまとめ方については、スリーエム仙台市科学館のホームページに詳しく記載されているので、ぜひ参考にしてみてください。

スリーエム仙
台市科学館

まとめ

　自由研究の体験をもとに、学校でテーマ設定までは確実に支援しましょう。

理科　ICTを使うなら

　理科の学習ではICTの使い所がたくさんあります。基本的な使い方はやはり「カメラ撮影」になるでしょう。雲の様子や月の形を撮影し、クラス全員で持ち寄るだけでも、様々な気づきが得られます。ここでは、授業での効果的な活用方法や便利なサイトをご紹介します。

（ポイント） 予想の共有場面で

○ロイロノート、GoogleSlide、Canvaなど

　たとえば、3年「こん虫を育てよう」の単元の導入で「モンシロチョウ」を何も見ずに子どもたちに描いてもらいましょう。子どもたちは、これまでにモンシロチョウが飛んでいる姿を見たことはあるものの、いざ「描いてみて」と言われると、「羽はどうなっているのか」「足がどこから出てるのかわからない」といったことに気づきます。さらに、描いたものをタブレット端末で共有し、他者と比較することで、「自分がよくわかっていないところ」が明確になります。

　こうした活動をモンシロチョウの観察前に取り入れることで、「モンシロチョウをしっかり観察したい！」という気持ちが生まれます。

（ポイント） 結果の共有場面で

○エクセル、Googleスプレッドシート、Numbersなど

　結果の共有場面では、エクセルなどの表計算ソフトが活躍します。たとえば、5年「ふりこの動き」では、3回の実験結果から10往復の平均を算出し、さらに1往復の平均を算出します。事前に指導者が、フォーマットを子どもたちに渡し、共同編集で実験結果を入力していけば、ミスなく平均が求められます。

　また、他の班の結果とすぐに見比べられるので、エラーデータにも気づきやすくなります。ただし、いきなりフォーマットを与えるのではなく、手計算の

技能を身につけてから渡すようにしましょう。表計算ソフトを使うことで、時間が短縮でき、考察など本質的な部分に時間を充てることができます。

おすすめサイト①　ものすごい図鑑/3D全身骨格

　３年生「こん虫を育てよう」の単元で活用できるのが「ものすごい図鑑」です。いくつかのこん虫の３D図鑑を見られるため、直接触ることができない虫が苦手な子どもも見られるかもしれません。それでもダメな子はいますが（笑）。

　４年生「ヒトの体のつくりと運動」で活用できるのが「３D全身骨格」です。骨格模型は大抵、学校に１つの場合が多いです。このサイトを用いれば、それぞれが骨について調べることができます。

ものすごい図鑑　　３D全身骨格

おすすめサイト②　Stellarium Web

　こちらは４年「月と星」の単元で活用できます。GIGAスクール構想以前は、家庭学習で、月や星を観察してもらうことしかできず、観察そのものができない子どもが出てきてしまいました。勿論、実物を観察できるのが一番ですが、どうしても難しい場合は、このアプリがおすすめです。単元のまとめとしても十分活用できます。

Stellarium Web

おすすめサイト③　Google Earth

　５年「流れる水のはたらき」では、川の観察時間をとることになっていますが、実際に出向くことは時間的にもかなり厳しいでしょう。そこで、Google Earthを用います。自分たちの住む校区に流れる川の上流や下流の様子を比べれば、川の周りの様子や川幅などのちがいについて気づくことができます。また、６年生「土地のつくりと変化」での地層の観察にも、Google Earthを活用することができます。詳細は、右のホームページをご覧ください（お茶の水女子大学　理科教材データベース「Google Earthを活用した地層の観察」）。

お茶の水女
子大学理科
教材データ
ベース

> **まとめ**
>
> 　理科では、特に地球領域の単元でICTが活躍します。効果的に活用しましょう。

道徳　基礎基本
―ここを徹底しよう―

　「特別の教科　道徳」（以下道徳科）では、道徳的な判断力、心情、実践意欲と態度を育てます。ここでは、もう少し詳しくお伝えしましょう。

ポイント　学んでいく道徳的価値を表す内容項目

　道徳的価値観が多様にある中で、養う手がかりと短い言葉でまとめられているものが内容項目です。低学年19、中学年20、高学年・中学校22の項目があり、子どもたちの発達の段階により、求めている姿も成長しています。

A　自分自身のこと
・善悪の判断、自律、自由と責任（中学校は、自主、自律、自由と責任）
・正直、誠実（中学校は、自主、自律、自由と責任）
・節度、節制　・個性の伸長（中学校は、向上心、個性の伸長）
・希望と勇気、努力と強い意志（中学校は、希望と勇気、克己と強い意志）
・真理の探究（中学校は、真理の探究、創造）
B　人との関わり
・親切、思いやり（中学校は、思いやり、感謝）　・礼儀
・感謝（中学校は、思いやり、感謝）　・友情、信頼　・相互理解、寛容
C　集団や社会との関わり
・規則の尊重（中学校は、遵法精神、公徳心）　・公正、公平、社会正義
・勤労、公共の精神（中学校は、社会参画、公共の精神と勤労）
・家族愛、家庭生活の充実　・よりよい学校生活、集団生活の充実
・伝統と文化の尊重、国や郷土を愛する態度（中学校は、「郷土の伝統と文化の尊重、郷土を愛する態度」と「我が国の伝統と文化の尊重、国を愛する態度」）
・国際理解、国際親善（中学校は、国際理解、国際貢献）

D　生命や自然、崇高なもの

　　・生命の尊さ　・自然愛護　・感動、畏敬の念　・よりよく生きる喜び

（ポイント）　**自己を見つめる**

　教科書教材を元に、登場人物の行動について自分の生活の経験を根拠にしながら考えていきます。なぜ、登場人物はできなかったのか？　がんばれた理由はなんだと思うのか？など、登場人物の行動を通して道徳的な価値を考えるときには、自分だったらどうだろうと考えることで、自己を見つめます。

　内容項目ABCDの４つの視点で分けられ、自分自身から少しずつ関わる世界が広がっています。自分自身を見つめて、人や集団、生命や自然との関わり方を考え、学んだこと、考えたことをこれからの生き方に生かしたいという心情につながるような授業を心がけます。

（ポイント）　**多面的・多角的に考える**

　教科書教材には主人公の他にも周りの登場人物たちもいます。その人物たちのそれぞれの視点で出来事を捉えることにより、一つの事実でも受け止められ方は一つではないことを知ることができます。

　知った上で、どのような行動、振る舞いが大切なのかを考えます。今の自分だったら何ができて、どうしたいだろうと考えることで、何が正しいかを教え込むのではなく、実感することができます。

道徳　教育活動全般での道徳指導の見通し方

　道徳性は、どの時間に育むものですか、と聞かれたらなんと答えますか？「特別の教科　道徳の時間で学ぶものです！」という答えでは、実は半分しか答えられていないです。それはどういうことでしょうか。

ポイント　道徳教育は教育活動全体で行うもの！

　『小学校学習指導要領（平成29年告示）解説　特別の教科 道徳編』に、「道徳教育は、学校や児童の実態などを踏まえ設定した目標を達成するために、道徳科はもとより、各教科、外国語活動、総合的な学習の時間及び特別活動のそれぞれの特質に応じて行うことを基本として、あらゆる教育活動を通じて、適切に行われなくてはならない」とあります。

　子どもたちが学校で学習したり生活をしたりするどんな場面にも、道徳性を育む機会があり、教育活動全体で道徳を育んでいきます。たとえば、「枕草子」を学ぶときには、国語科の目標とともに、道徳教育の目標も内在するということです。

国語科

言葉のリズムに
親しむ

昔の人のものの
見方を知る

例　古典
「枕草子」

道徳教育

伝統と文化の
尊重

国や郷土を愛する
態度

各学校には「道徳教育の全体計画」という学校課題をもとにつくった全体計画があります。その表を見ると教科との関連や、道徳教育の全体像、また、学校として力を入れていくことを広い視野で知ることができるので、ぜひ見てみてください。

道徳教育は、「特別の教科　道徳」の時間だけではなく、子どもたちが過ごす、学校生活のどの場面でも指導していきます。教科学習や特別活動の場でも子どもたちの道徳性を養っていきます。

（ポイント）年間35時間の「特別の教科　道徳」で学ぶもの

　では、「特別の教科　道徳」（以下、道徳科とします）の役割は何でしょうか。
　小学校学習指導要領解説総則編には、道徳科の時間は「いわば、扇の要のように道徳教育の要所を押さえて中心で留めるような役割をもつと言える」とあります。広く広がっていく道徳教育を、道徳的価値観を養う手がかりの内容項目（低学年19、中学年20、高学年・中学校22の項目）としてまとめているものが道徳科と言えます。そして、道徳科ではそれらすべての項目を1年間で計画的に学んでいきます。
　内容項目は、学校生活でたくさん学ぶ道徳的価値を含む短い言葉で示しています。たとえば、「礼儀」をみてみましょう。低学年では、挨拶や言葉遣い、動作を整えることが含まれています。「明るい挨拶をしましょう」「ふわふわ言葉を使いましょう」「正しい作法を身につけましょう」など学校生活では、多様な場面で指導をします。その大切さやその行動ができたよさについて、道徳科で学び、日常の生活で実践できるようにしていく役割をもっています。

道徳科の時間は、教育活動全体で育む道徳的価値という眼鏡をつくり上げる時間と言えそうです。その眼鏡を身につけることで、学校生活の中で道徳的価値に気づき、実践していこうとする心情を育てます。

道徳　1コマの
タイムマネジメント

| 価値への
方向づけ
〔5分〕 | 範読・
内容確認
〔5分〕 | 展開前半
〔15分〕 | 展開後半
〔10分〕 | 終末
〔10分〕 |

　指導案の形式は自治体によって異なるとは思いますが、道徳の時間の教科書教材の指導過程は、導入、展開前半、展開後半、終末としているところが多いと思います。展開を前半、後半とせずに、まとめて「展開」としていることもあります。

　教材を通して道徳的価値（一単位時間で扱う内容項目）について考え対話する、自分の生活と関連させて考える、学びをふりかえるという大まかな流れがあります。学年や内容項目によって、学習過程に軽重をつけながら授業をつくっていきます。

ステップ 1　価値への方向づけをするために全員が授業に向かえる質問をする

　教科書教材に出会う前に、道徳的価値についてどう考えているのか、今までに、今日学ぶ場面に似たような経験をしたことがないか、など子どもたちに問いかけます。この時には、どの子も考えられ、友達と交流できる問いやみんなの前で発表しやすい問いを投げかけます。授業のスタートラインに全員が立ち、その学びに向かう準備体操をしているイメージです。

ステップ 2　範読と教材文に書かれていることの確認

　教材文の範読の仕方については、教師が朗読する他に電子教科書の音読を聞く、子どもが音読するなど方法があります。教師が音読をすることが多いと思

いますが、大切なのは子どもたちがその教材について向き合えることですので、表現や言葉の意味などのわかりにくい部分は補足をします。

　音読の後には、どのような場面が描かれていたのか、子どもたちとやりとりしながら、確認します。登場人物と大きく変化した出来事や、その様子などを板書に残しておくと、展開前半の中心発問のときのヒントになります。

ステップ 3 展開前半で教材に見られる道徳的価値を問う

　教材文から、目標とする道徳的価値について考えられる発問をします。ここでは、自分の体験や経験をもとに道徳的価値の大切さや、行動に移す難しさなどが語られる場にします。子どもたちが自分の考えを書き残し、友達と交流をして多角的な視点で考える時間をとります。交流は、ペア、グループ交流や全体交流などをして、考えを広げていきます。

ステップ 4 展開後半で、教材文から自分の生き方につなげる

　道徳的価値について考えた後に、自分ならどうであろう、自分ならどうしたいだろう、と自分自身の問題としてとらえ直す発問をします。今まで、教科書を通して考えていたことを、自分の経験に照らして考えます。問いかけた後には、静かに自分のことを考える時間をとります。ここでの内容は、個人的なものになるので、交流によって広げるかどうかはテーマによって変えていくとよいと思います。

ステップ 5 終末

　終末には教師の説話や、さらにその価値を深めるエピソードを伝え、学んだ道徳的な価値をゆっくりと染み込ませる時間にします。説話が苦手な先生もいるかもしれません。展開後半で、自分と向き合い、考え続けている姿があるときには、自分の学び方についてふりかえることのみで授業を終えることもあります。

道徳　教科書での授業の組み立て方

　高学年の教材の「ブランコ乗りとピエロ」は、複数の教科書に載っています。サーカス団の新入りのブランコ乗りのサムとピエロが対立していたけれど、あるきっかけがあって、協力し合ってサーカスをやり遂げることができるようになる話で、内容項目は「相互理解、寛容」です。

ステップ 1 教材と出会う

　内容項目の、「相互理解、寛容」の指導内容を見てみると、「自分の考えや意見を相手に伝えるとともに、謙虚な心をもち、広い心で自分と異なる意見や立場を尊重すること」とあります。

　対立していたサムもピエロでしたが、互いの努力や思いを知ることでわかり合えることができました。そして、その二人の行動が周りの団員たちの思いも変えました。教材文では、その変化のきっかけについて、ピエロを中心に捉え、そこから波及するようにサム、団員と広がっていくので、「自分と異なる意見や立場を尊重すること」をそれぞれの立場で多角的に考えたいです。

　次に、自分の学級の実態と教材を重ねて考えます。子どもの実態も授業づくりに大きく関係します。

ステップ 2 問いを考える

　教材を通して、内容項目について考えられる授業にするために、伝えたいこと考えたいことを考え、それを引き出すことができる問いを考えます。そして、考える時間、交流の仕方の計画を立てます。

　「特別の教科　道徳」の教科書には、問うべきことが書かれているので、その問いの役割を考え、子どもたちの考えを共有して広げていくのか、それとも一人で深めていくのか、また、どんな方法で深めていくのかなど考えていきます。

（1）導入で問うこと

　全員が教材文に向かう準備ができることを目的とした発問をします。自分の経験をもとに、考えられる発問をしてください。たとえば、5年生の光村図書「18　ブランコ乗りとピエロ」には「分かり合うために」という話の初めにどんな学習をするのかを短く示しています。そこで、その文章を利用した問いをつくれます。

・わかり合うために、に続く言葉をあなたならなんと書きますか（終末に同じ問いを繰り返すことができる）。
・わかり合うとは、どういうことだと思いますか。
・誰かとわかり合うという経験をしたことがありますか。

などが、が考えられます。

（2）展開前半

　展開前半の発問は、教材文を通して価値について考える発問を投げかけます。

　発表の時間を取る前にワークシートに書いたり、PCで残したりして自分の考えを文字にする時間を取るとよいと思います。悩んでいる子に、私は「とても深く考えているね。文字にならないこともあるし、まとまらないこともあるけど、考え続けていることが素晴らしいね」と考えている姿勢を認め、安心して考えられる時間になるよう、声をかけています。

　発問だけではなく、登場人物の役割になってセリフを言ったり、その様子を見たりして、多角的な考えに触れるようにします。

（3）展開後半

　展開後半には、わかり合えるために必要なことを考えた後に、自分のこととして考えます。私は、「自分はどんな友達と、わかり合えるようなことできていますか？」と今の自分について考えるよう、声をかけています。学んだことを実践する難しさとそれでも明るい未来はあることを感じられるような問いにしましょう。

（ステップ 3）ふりかえる

　「今日の学習をふりかえりましょう。自分に生かすことができそうだな、生かしてみたいなと思ったことはありますか？」と、ふりかえりをします。

道徳　授業ネタ

| 価値への
方向づけ
〔5分〕 | 範読・
内容確認
〔5分〕 | 展開前半
〔15分〕 | 展開後半
〔10分〕 | 終末
〔10分〕 |

　光村図書の6年の教科書に「6　子ども会のキャンプ」という教材文があります。内容項目は「よりよい学校生活、集団生活の充実」です。

　6年生の明葉さんは入っている子ども会のキャンプで班長を任されましたが、少し不安でした。そんな中、3年生のむつみさんが夕飯のカレーをこぼしてしまいました。この困難をリーダーとして乗り越えて、小学校生活最後のキャンプは心に残る思い出となりました、というお話です。

ステップ 1 　価値への方向づけ

　6年生はいろいろな場面でリーダーとしての振る舞いを求められます。リーダーとして求められる姿を考え、それに少しでも近づきたいという思いをもつことができるような授業にしたいと考えました。

　「6年生になって、たくさんの場面でリーダーとして、皆さんがんばっていますね。どんなことをしてきましたか？」と聞いて、今までの活動や努力を語り合い、教材を通してリーダーについての考えを深め、目指していく等、学びに向かう準備をします。

ステップ 2 　展開前半

　明葉さんの取ったリーダーとしての振る舞いを確認します。それらの行動を見て、カレーをこぼした3年生のむつみさんや、周りの人たちはどう思ったか

を考えます。それぞれの立場の人にとって、明葉さんのリーダーとしての行動が助けになったことを共有します。

ステップ 2 展開後半

理想のリーダー像を考えます。それらの意見を板書し、全員が見られるようにします。

「みんなで考えた理想は、もしかして、遠いかもしれないけれども、みんなの中からできた素敵な理想です。その道の途中にいるみんなは、今の段階で100点満点にするとどれくらいですか？」と、現状に点数をつけてもらいます。そのときに、あくまで遠くの理想であることを伝えましょう。

「もしもそれが、1だけ上がったとしたら、みんなはどんな場面でどんなことをしていますか？」と問うことで、自分のできる範囲の小さな行動の変化を具体的に考えます。実践してみようという気持ちにつなげることが目的です。

ステップ 3 終末

理想のリーダーになるために1だけあげる自分の振る舞いを考えた後に、子どもたちががんばりたいという思いをもてるように言葉をかけます。最後に授業のふりかえりをします。

よりよい未来を想像できた子どもたちは、その未来に向けて少しずつ行動を変化させていくかもしれません。そんな道徳の時間にしたいと思い、このような問いを投げかけました。

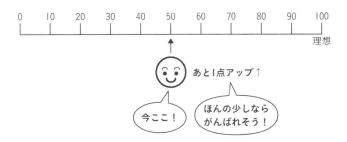

【参考文献：「道徳6　きみがいちばんひかるとき」光村図書】

道徳　ICTを使うなら

　道徳でICTを活用するよさは、子どもたちにとっては意見を表出しやすいので、交流が行いやすさにつながること、授業者にとっては評価の資料を残しやすいことの２点があると考えています。私の自治体はChromebookを採用していますので、Googleのソフトを活用した実践を紹介します。

(ポイント) 思いを表出しやすい

（１）Jamboardに付箋で意見（Jamboardは2024年12月31日提供終了予定）

　できるだけたくさん意見を出して、グループごとにまとめるという活動を取り入れたときに活用できます。付箋は移動できますので、「意見が似ているなと思ったら、近づけて貼ってね」や「反対の意見は線でつないで矢印を書いてね」と言うと、書くだけでなく、他の人の意見も読んで考えようとする時間が生まれます。このときには、一つの意見を１枚にまとめるということを伝えます。

　Jamboardの付箋が最初に左上に貼られることから、大人数で同時に貼り付けるときには、人の付箋を動かしたりしないよう、注意をしておく必要がありますが、活用するうちに慣れていきます。また、人の付箋は断ってから動かす、声をかけてから線をつなぐ、などのルールを伝えておくと、自分の付箋を見失って困るということも減っていきます。※Jamboardに代わりネット上で使える「ふきだしくん」や「Padlet」なども活用できます。

（２）思考ツールを活用

　熊本市教育センターのデジタル教材の中に「心の数直線」があります。自分の思いをハートに投影し数値化して、その理由を考えるものです。このような教材を活用して、自分の考えを投影しやすくできるのはICT活用のよさだと思います。

※熊本教育センター　デジタル教材『心の数直線』

http://www.kumamoto-kmm.ed.jp/kyouzai/web/Heart-meter3/index.html

（3）共有する

　友達の意見をその場で見られることで、言葉にすることに悩む子どもの助けになります。また、自分の思いを広げやすいし、友達の考えを理解することにもつながります。

　共有の場で私が気をつけていることは、何を共有して何を共有しないかを線引きすることです。私は、教材を通して考えたことについては共有するようにしていますが、自分ごととしてふりかえったことは、フォームで提出し、学級のみんなに聞かせたいと思ったら、本人に確認してから伝えます。何でも受け止め合える状態であれば心配はないのですが、発表があるから自分の思いを書くことをためらうということのないように配慮したいです。

（ポイント）子どもたちのふりかえりのデータを重ねる

　授業で自分ごととして考えたことと、授業での学び方の向き合い方についてもフォームで聞いて、送信してもらうようにしています。これらを重ねていくことで、個人の取り組みがわかり、同じ内容項目を比較すると、同じ項目の考えの変化や成長の様子を読み取ることもでき、評価に生かすこともできます。
＜Googleフォームの項目＞
□名前
□出席番号
□内容項目について自分ごととして捉えられる問い
□学び方についての問い

体育　基礎基本
―ここを徹底しよう―

ポイント 1 　まず安全

　これがまず何より重要です。

　私はいつも1番初めの体育の授業で「体育だけ先生は少し厳しくなるよ」と言います。それは、安全を守るためです。体育では、全国どころか各校レベルで毎年怪我人が出ます。骨折も珍しくありません。

　だからこそ、体育の時間は危険な行動があればすぐに止めます。

　また、環境を整えることも安全につながります。マットのミミをしまうことや、身長に合った鉄棒を使用するなど、子どもたちがつい忘れてしまうことや気づかないことへ配慮して準備をしましょう。こうしたものは経験が大きいので、先輩の先生や体育主任の先生に聞くのがおすすめです。

ポイント 2 　運動量の確保

　体育で重要なことは体を動かすことです。

　作戦を考えたり、ふりかえりの時間も大切ですが、何より子どもたちが体を動かせる時間を確保しましょう。全員が汗だくになるくらい動く。このくらい運動量を確保したいです。

　そのためには、教師がテンポよく授業を展開したり、習熟度別にコースを選択できるようにしたり、試合の時間を長くするなど工夫が必要です。

ポイント 3 　指示を短く

　教室の外での子どもたちは、注意がかなり散漫です。

　暑さ、寒さ、背景（太陽のまぶしさ、車通り、他クラスの授業）など、注意を妨げる刺激がたくさんあるからです。

努めて言葉を削り、さっと説明できるように準備しておきましょう。
それが、運動量を確保することにもつながります。

ポイント①〜③は体育において欠かすことができない基礎基本です。
これら以外にも気をつけておくとクラスがさらに活性化するポイントがあります。

ポイント 4 学級を育てる

体育は学級経営に大きく影響します。
集合のスピード、話の聞き方、ペアのつくり方などです。
特にペアづくりを私は意識しています。「さっきとちがう人と組んだ人？」
とか「自分から誘いに行けた人？」などの確認を毎回のようにします。
他にも、余った人を素早く誘ってあげるチームに「そのお誘いってすごくう
れしいね。ありがとう」と言ったりすることもあります。また、勝敗がつきや
すいのが体育の特徴です。しかし、体育はプロスポーツのように勝敗が目的で
はありません。楽しむことが目的です。努めてこうした仲間づくりや取り組み
方の価値づけをしていきたいです。

ポイント 5 授業の冒頭5分を活性化させる

どの授業にも共通しますが、冒頭5分が非常に重要です。素早く授業を始め
ましょう。冒頭5分は、準備運動も兼ねています。楽しく全身を動かすことが
できる活動を取り入れましょう。
おすすめは体ほぐし運動です。体ほぐし運動は、全身の運動感覚を養うのに
最適な運動です。毎回同じ運動をすることで、技能の向上を図ることもできま
す。技能向上には一定の繰り返し運動に取り組む必要があります。長く少なく
よりも、短く何度も行うと技能が定着しやすいです。

まとめ

体育は①安全②運動量③短い指示を意識④学級経営⑤冒頭5分を意識。
このことは他の授業にも波及的に効果があります。

体育　単元の見通し方

例：タグラグビー（チーム対戦型球技）

導入〔1時〜〕 ドリブル・タグを取る練習	展開〔〜6時〕 制限したルールでの試合 戦略の幅をもたせる	終末〔6時〜8時〕 リーグ戦を行う

ステップ 1 　導入〜基礎スキルの練習〜

　ドリブルやパスなどの基礎スキルは試合をする上で重要です。しかし、基礎スキルや技能の指導に重点を置きすぎると、かえって差が生まれやすく、体育に参加しづらい子が出てしまいます。大体でOKの心を教師がもっておきましょう。

ステップ 2 　展開〜ルールを工夫しよう〜

　学年にもよりますが、中学年以上は単元序盤から積極的に試合を取り入れていきたいです。その際は、パスなしやパスカット禁止などうまくルールを工夫する必要があります。それにより試合のハードルが下がり、苦手な子も参加しやすくなります。

ステップ 3 　終末〜リーグ戦〜

　試合数を増やすためにもリーグ戦を行うのは汎用性のあるまとめです。もちろん、この試合でも、チームプレイできるようにルールの制限（全員パスしてトライしたら3点など）をつけてもいいです。

例：なわとびとマット（２単元組み合わせ）

導入〔1時～5時〕 縄跳びカードに挑戦	展開〔6時～7時〕 パフォーマンスの練習	まとめ〔8時〕 パフォーマンスの発表

導入・展開〔1時～5時〕 後転・開脚後転の練習	まとめ〔6時～8時〕 連続技や組み合わせ技

　このように単元を２つ組み合わせることも効果的です。

　前半はなわとび、後半はマットのように短い時間で集中してチャレンジすることで子どもたちの取り組みも活性化します。

ステップ 1 　導入～基礎スキルの練習～

　なわとびカードのように子どもたちだけで活動が進む教材は、単元の導入や授業の導入（帯学習）などで便利に活用できます。こうした学習カードは技が明確な単元に有効的です。

ステップ 2 　展開～連続技やパフォーマンスの練習～

　展開では、技をつなげて、連続技やチーム連携技に挑戦します。２人同時に技をしたり、連動して技を組み合わせたりすることで技を応用します。ここで、再び技の練習に立ち返るチームも出てきます。

ステップ 3 　まとめ～アウトプットの場～

　まとめでは、クラス全体で発表会を行い、パフォーマンスを見合います。アウトプットの場をもつことにより、客観的な視点をもたせたいところです。もちろん、連続技の工夫を練習して、教師の前で一人ずつテストをして単元を終えるという場合もあります。

> **まとめ**
>
> 　単元を組み合わせるのもOK！　導入では基礎スキルを磨き、技能を活用する場面を単元に盛り込んでいこう。

体育　1コマの タイムマネジメント

運動場（帯：体ほぐし運動・鉄棒　メイン：タグラグビー）

体ほぐし運動〔5分〕	鉄棒〔5分〕	タグとり鬼〔5分〕	1対1ゲーム〔20分〕	片づけ・着替え〔5分〕

授業内容に関して詳しくは次項で説明します。

ポイント 1　ユニットに分けよう

　短くユニットを分けて取り組むことで、子どもたちの集中力や意欲の向上、運動量の確保、反復練習による習熟化などのメリットがあります。

　また、単元によっては、45分の授業が長すぎる場合もあります。たとえば、鉄棒やなわとびです。短くすることで間延びせず子どもたちも飽きない授業になります。体育の時間45分で何をしたらいいかわからない場合は、例示したタイムマネジメントのような体ほぐし運動と鉄棒の帯学習がおすすめです。

ポイント 2　テンポよく展開していこう

　体育では授業のテンポ感が非常に大切です。ユニットの間、試合の間、指示の間に間延びした時間が生まれないようにします。

　この時間こそ、子どもたちが体育から離れていく瞬間だからです。楽しい！もっとやりたい！というピークで切り、テンポよく次々と進めてきましょう。

ポイント 3　メイン単元は25分

　球技では1コマに必ず試合を入れたいです。ここでいう試合とは、「ボールがあって対戦相手がいる」ということです。ボールがなければその球技の特性を味わえません。対戦相手がいることで駆け引きが生まれます。

球技でない場合でも、このメインの時間にはリレーやミニゲームなどのようなメインディッシュを一つもってきたいところです。

体育館（帯：なわとび　メイン：マット　メインディッシュ：自由選択の場）

| なわとびカード〔10分〕 | マット準備〔5分〕 | 後転・開脚後転の練習〔20分〕 | 片づけ・着替え〔5分〕 |

ポイント 4　準備片付けも授業内でしよう

マットでは準備と片付けが必ずあります。

つい休み時間を使ってしまいがちですが、休み時間は子どもたちの時間です。その時間を準備や片付けに充てるのは大人の都合であり、子どもたちの不満のもとにもなります。準備や片付けも授業時間内で終わらせましょう。

また、着替えの時間も考慮する必要があります。そのために、授業終了5分前には授業を終えたいところです。

準備片付けは、安全に素早く行う必要があります。いきなり全員に準備に行かせても混雑してかえって危険だったりします。そこで、4列に整列させて、前の4人から順にマットを取りに行くという交通整理をしたり、マットのミミを持って持ち運ぶなどの確認をしたりする必要があります。

ポイント 5　ゆとりをもって時間を使おう

実はどちらの授業例も全部で40分で計算しています。体育では、集合に時間がかかったり、説明の時間がたびたび出てきたりなど、実は自分の想定よりも時間がかかりがちです。そのため、実質に使えるのは35分と想定しています。実際の授業では、時計を見ながら終了時刻5分前に終わるように各パーツの微調整をして進めます。

まとめ

ゆとりをもって授業の各ユニットを想定しておこう。
1コマに一つメインデッシュとなる活動を考えておこう。

体育　運動場での授業の組み立て方

体ほぐし運動〔5分〕	鉄棒〔5分〕	タグ取りゲーム〔5分〕	タグとり鬼〔5分〕	1対1ゲーム〔15分〕	【片づけ・着替え】〔5分〕

　タグラグビーの授業を紹介します。前半の帯学習で体を動かした後、メイン単元25分に入ります。

　タグラグビーなどの球技全般では、どんどん試合をしていくことが重要です。とはいえ、いきなり競技と同じルールではできないので、まずは手をつないでタグを取り合ったり、タグとり鬼をする中で「タグの取り方」を教えます。

ステップ 1 タグの取り方

タグ取りゲーム（1対1）

①2人1組になります。

②相手のタグを取ったら「タグ！」と言います。やってごらん。

③タグを取ったら「どうぞ」と言って返しなさい。

④相手と右手をつなぎます。

⑤笛の合図でタグを取り合いますよ。先にタグって言えた方が勝ちだからね。

⑥タグって言えた人？どうぞって言えた人？（確認する）

⑦反対の手でやります。

⑧ちがう人とやります。（繰り返し）

　まずは、「タグ」と言って取ること、タグを取ったらその場で返すこと、それだけでやらせます。これらを疎かにすると、試合中タグを取られたことに気づかなくなってしまったり、タグを取って投げ捨てるという場面が出たりしてしまいます。こうして、当たり前のことをさっと確認することが、後々のトラ

ブルを防ぐことにつながります。ルールは一つずつやらせながら入れていきます。

タグとり鬼

タグラグビー
オフィシャル
サイト

タグを使った鬼ごっこです。タグをいくつ取ったかを競います。

①タグを取られたら止まります。

②タグを取ったら相手に返すまで動けません。

③何本取ったかを数えておきます。何本取られても構いません。

タグは取ったらすぐに返します。実際に試合中もタグを取ったらそのプレイヤーはタグを返し終えるまで動けません。タグとり鬼でも試合と同じ状況をつくることでただの遊びにならず、タグの取り方を指導する場になります。

ステップ 2 簡易ゲーム（メインディッシュ）

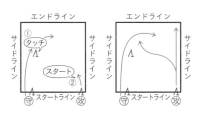

1対1ゲーム

ボールを持って簡易的な1対1のゲームをします。

①守りがコーンを超えたら攻撃側が進みます。

②攻めがエンドラインを超えたら1点です。

③タグを取られる、もしくは1点を決めたら攻守交代します。

④サイドラインをはみ出したら守りの勝ちでこれも攻守交代です。

ラグビーの競技性質上、ドリブルは駆け抜けることが重要です。図のような立ち位置で始めると攻撃側はまっすぐ駆け抜けるか、クロスに抜けるかの選択になります。このように、限定的にそうせざるを得ないという状況を、ルールによってつくることで技術や戦略を身につけていくことができます。

> **まとめ**
>
> ルールは、一つずつやらせ、確認しながら覚えていこう。初めはパスなしや1対1などの限定的場面をつくり、その中で駆け引きを楽しめるようにしよう。

体育　体育館での授業の組み立て方

【準備運動】 なわとびカード 〔10分〕	【器具準備】 マット準備 〔5分〕	【本時のメイン】 後転・開脚後転 の練習〔20分〕	【片づけ・ 着替え〕 〔5分〕

　マット運動は全身運動です。逆さ感覚、回転感覚、腕支持感覚など様々な運動感覚を必要とします。日頃から体ほぐし運動などでこれらの運動感覚を養っておくことが重要です。

ステップ 1 　後転につながる運動

ゆりかご

①マットに2人ずつ入ります。マットの長い辺に座ります。

②ゆりかごをします。背中をつけたら立つ。5回やります。

③次は手をつきます。耳の横で手をパーにしましょう。5回ゆりかごします。

④次は足をつきます。つま先を床に2秒つけてから起き上がります。5回ゆりかごします。

⑤ゆりかごリレーをします。つま先をつけるゆりかごを5回やったら交代。全員終わったら座ります。つま先がつかない人はできる限りで構いません。

　ゆりかごでは背中→頭の順次接続の感覚を養います。いきなりつま先までつけるのは難しいですから、背中まで、頭と手、つま先と、少しずつ進めます。

ステップ 2 補助具を使った後転

　補助具を使った後転では、「マットを下に重ねて下り坂をつくる」とか「壁の前に立って壁を押して回る」などが考えられます。どちらの場合も、後転のための勢いを補助するものです。

　後転をするにあたってポイントを限定しましょう。たとえばこんな感じです。
①お尻を浮かせて始める
②おへそを見る
③指先から手をつく

ステップ 3 自由選択の場（メインディッシュ）

　後転をするための環境を自己選択します。

　たとえば、Ａゆりかごゾーン　Ｂ勢いゾーン　Ｃチャレンジゾーンといった場をつくります。自分に必要な練習を選択し、練習できるような環境を準備します。

　Ｃのチャレンジゾーンでは、先生が後転ミニテストをするのもありです。合格した子は友達のアドバイスに行ったり、次の課題である開脚後転に挑戦させたりするのもいいです。また、授業の終わりに「今日、うまくできた人」にやってもらうことで達成感や、クラスの中で応援し合う空気感も生まれます。

ステップ 4 片づけ

　器具を使った体育は、片付けに時間がかかりますし、大きな器具はけがの危険もあります。時間に余裕をもって片付け、「壁に沿ってマットを持ってきましょう」といった交通整理する声かけで安全に片づけをしましょう。

まとめ

　技につながる運動を取り入れ、自由選択の場で自分で選んで練習できる環境を準備。友達を応援する雰囲気づくりをしよう。

体育　授業ネタ

　授業開始の準備運動にも体ほぐし運動はおすすめです。その中でも手軽にできる体ほぐし運動を紹介します。

ペア足ジャンケン

　足ジャンケンをして負けたら○○をするというものです。足ジャンケンだけでかなりの運動量になります。○○には以下が入ります。

・相手の股をくぐる
・馬とび5回
・手押し車10歩　など

　流れは以下のようにします。
①近くの人と足ジャンケンします。
②グーは閉じた足、チョキは前に開いた足、パーは横に開いた足です。
　（実際にやって見せ、子どもたちにもやらせる）
③勝った人？（挙手させる）負けた人？（挙手させる）
④負けた人は、相手の股をくぐります。
⑤20秒数えます。3人以上と同じようにやりましょう。はじめ！
⑥1人以上とジャンケンできた人？2人以上？3人以上？3人以上はすごい！

　また、細切れに何度もペアをつくることは、クラス内の人間関係の潤滑油にもなります。こうしたところが男女やグループの壁を取り払う一助になります。

いろんな歩き方

　歩き方だけでも多様な動きができます。

①友達にぶつからないように歩きます。

②笛が鳴ったら止まります（いろんなタイミングで止める）

③ぶつからないように走ります。笛が鳴ったら止まります。

④走ります。笛が鳴ったらタ・タ・ターンでマリオジャンプします。

⑤カニ歩き（横向きで歩く）

⑥カエル歩き（カエルのように跳ぶ）

⑦クモ歩き（仰向け４つんばい歩き）

⑧クマ歩き（４つんばい歩き）

⑨アザラシ歩き（うつ伏せ腕支持歩き）

　こうしたシンプルな活動のときは確認が非常に重要です。ほめるための確認です。「ぶつからないように歩けた人？」「音で止まれた人？」といった確認をすることで、子どもたちはより熱中していきます。

　重要なのはテンポです。一つの動きにつき、長くても20秒ほど。次の活動があるため、その時点で運動量に差があっても構いません。また、できない子がいても大丈夫です。やっているうちに運動感覚が養われていきます。

まとめ

　体ほぐしは次々テンポよく進め、確認して何度もほめよう！

体育 ICTを使うなら

【音楽】 パフォーマンス課題

　タブレットから音楽を再生して、子どもたちがワクワクするようなパフォーマンス課題にすると活動が活発になります。

　たとえば、10秒間音楽に合わせてマットの連続技をするとか、リズムなわとびをする、などです。いくつかの技を組み合わせたり、チームでまとまって演技をする中で自然と技の精度も磨かれ、活動量も増えます。また、話し合い活動も活動の過程で生まれてきます。

【動画】 パフォーマンス課題

　パフォーマンス課題の過程で、動画で撮影して提出ということも可能です。動画は何度も撮影に挑戦できます。必然的に練習が生まれ、繰り返し活動を続けることになります。

　提出方法は、classroomやteamsでもいいですがpadletやFlipというアプリ（ブラウザも可）もおすすめです。この2つのアプリの共通点は、子どもたちが書き込めるということ、そして、全員が投稿を見ることができるということです。子どもたちが発信し、その発信を共有することができます。パフォーマンス課題とは非常に相性がよいアプリです。

【動画】 ダンス

　YouTubeのダンス動画は非常に便利で、ダンス動画をプロジェクターで体育館に投影し踊るだけで、楽しくダンスができます。比較的に簡単な振り付けがよいです。「ダイエット　ダンス」で調べると、人気曲に合わせた簡単なダンスがたくさん出てきます。準備運動にもおすすめです。

　また、運動会のダンスでも教師のお手本を動画で撮影し、YouTubeに限定公開することで子どもたちはおうちでも練習できるようになります。

　YouTubeでなくても、ドライブにアップロードし、共有することで同様のこ

とが可能です。

※YouTubeへのアップロードの可否は、学校長に判断を仰いでください。

※ダンス動画の共有の際は、音楽の著作権にご注意ください。

【動画】 はりきり体育ノ介

　NHK for Schoolの番組「はりきり体育ノ介」は、「体育の苦手を克服し、"できる"ようにする番組」です。体育の単元やスポーツごとに技のポイントやコツを楽しく、わかりやすく解説してくれます。

　子どもたちに見せるだけでなく、教師の授業準備や指導の目安を考えるのにも役立ちます。1編10分ですから、子どもたちに見せるときは、給食の時間や朝の会などの隙間時間に見せるのがおすすめです。

はりきり体育
ノ介

（https://www.nhk.or.jp/school/taiiku/harikiri/）

【カメラ】 タイムシフトカメラ

　ブラウザ上で起動できる遅延再生カメラです。1秒〜20秒まで遅延して動画が再生されます。マット運動や跳び箱などの活動中に、スタンドで固定しておき、すぐに見返すということが可能です。

タイムシフト
カメラ

　（https://kaihatuiinkai.jp/time_shift/）

　体育でICTを活用する際は、あくまで活動量の保証を前提に考える必要があります。タブレットを使用する時間＝体を動かさない時間になるからです。思考の時間はとても重要ですが、体育の基礎基本はやはり体を動かすこと、そしてその運動量です。

まとめ

体育で活躍できるICTは動画やカメラ、音楽などです。ただし、体育の基本は運動量で、できるだけ体を動かす時間を長くとることが大切です。

第 **3** 章

授業を円滑化する
テクニック

授業中の支援①（多動性・衝動性・注意散漫）環境調整編

　授業中、立ち上がってしまう。消しゴムのかすなど、ずっと何かをさわっている。衝動的に発言してしまう、友達にちょっかいを出してしまう。ボーっとして話を聞いていない、作業が止まってしまう。そのような子はきっとどの学級にもいることと思います。

　支援の前提として、まず捉えてほしいことがあります。その行動には必ずしも悪意があるわけではないということです。悪意がないと捉えると、あえて見て見ぬふりをする、教育的にスルーをするという方法で解決できる部分もあるのです。一方で教育的にスルーが難しいケースもあります。たとえば、他害につながったり、授業の進行に大きな妨げになったりするケースです。この項では、できるだけ注意や叱責をせず、未然に防止するための支援方法について記していきます。

ポイント 1 教室の環境調整で支援

　具体的な支援方法に入る前に、授業の環境について考えていきましょう。

　環境調整は一番アプローチが簡単な支援方法です。

　教室の授業環境はいかがでしょうか。

　体の五感覚（視覚・聴覚・触覚・嗅覚・味覚）の内、味覚を除いて考えていきます。

チェックリスト

☐ 視覚情報の不必要な刺激は少ないか

　（カーテンの揺れ、光の反射、不必要な掲示物、など）

☐ 聴覚情報の不必要な刺激は少ないか

　（窓や廊下近くでの外の音、水槽や時計の動作音、など）

□ 触覚情報の不必要な刺激は少ないか

（衣服の感触、机やいすの不安定や傷、など）

□ 嗅覚情報の不必要な刺激は少ないか

（給食や水槽や牛乳パック、干してあるもの匂い、など）

ポイント 2 教師の人的環境調整で支援

一方で、人という環境の調整も必要です。

教師の服装や声や動きによる刺激、周りに座る子どもによる声や動きによる刺激などにも気を配る必要があります。チェックリストに自分自身も当てはめて見直しましょう。

チェックリスト

□ 視覚情報の不必要な刺激は少ないか

（不必要に光るもの、揺れるもの、蛍光色のものを身につけている、など）

□ 聴覚情報の不必要な刺激は少ないか

（言葉の情報が多い、上靴や衣擦れの音、など）

□ 触覚情報の不必要な刺激は少ないか

（不必要な接触、威圧的・高圧的な雰囲気、など）

□ 嗅覚情報の不必要な刺激は少ないか

（衣服の柔軟剤、香水、体臭・口臭、など）

まとめ

環境調整は授業に取り組む前に事前に誰でもできる支援方法だと思います。具体的な支援方法の前に、まずは教室環境・教師の人的環境から整えましょう。

授業中の支援① (多動性・衝動性・注意散漫) 脳へのアプローチ編

　脳から分泌されるドーパミン(快楽系神経伝達物質)、ノルアドレナリン(緊張系神経伝達物質)を上手に生かしていくことにより、子どもの多動性や衝動性、注意散漫の傾向が緩和されると言われています。

ポイント 1　ドーパミン対応

　ドーパミン5 "うみもこへ"

① う　動かす
② み　見通しを示す
③ も　目的や目標を伝える
④ こ　高得点を与える
⑤ へ　変化をつける

①詳しくは前述の『動きのある授業でまなびやすさをつくり出そう』(P.30)をご覧ください。
②授業や課題の見通しを伝えます。たとえば、漢字→音読→教科書→ふりかえり、など前述の各教科ベーシックプランの構成を黒板などに書くのもよいです。課題であれば、何ページまで、何番までなどと、終わったらどうするかまで伝えられると子どもは安心です。
③いわゆる趣意説明です。学習・活動は何のためにするのかという目的を伝える。「(そのために) 今日の目標は、めあては～です」と伝えると子どもたちも安心です。
④上記のような特性がある子は高得点・高価値が好きです。「朝、学校に来ただけで100点！　最後までいれたら120点！！」などとよく伝えています。
⑤ドーパミンは「馴れ」が出てきてしまうのが難点です。変化をつけるとよいです。詳しくは『授業をリズムよく進めよう』(P.24)をご覧ください。

ノルアドレナリン5"無言（しじま）阻止（そし）"

①し　指示を出す

②じ　時間を制限する

③ま　待たせる

④そ　そばに行く

⑤し　指名する

　前述のドーパミンとちがい、気をつけなければいけないのは多用することです。緊張を生み出す物質なので、多用すると「恐怖」につながるのです。

①発問に加えて指示（作業指示）を加えると、何をしてよいかはっきり伝わります。例：「〜についてどう思いますか。」（発問）＋「ノートに自分の考えを書きます」（指示）など。

②時間を制限、はタイマーや時計を使うのがわかりやすいです。「○分間で解きます」「○時○分まで話し合います」など。

③待たせるのは、目の前の欲に負けずに我慢ができるかという自制心を育てる目的もあります。「他の人が終わるまで待ちます」「○分になったら戻って待ちます」など。

④教師のホームポジション（黒板前の立ち位置）から机間巡視で近くに寄るだけでも緊張感が与えられ、行動が収まることがあります。

⑤もちろん自分の名前を呼ばれたら緊張が走ります。指名にも色々あります。挙手指名、列指名、ランダム指名、意図的指名など使い分けてみてください。

> **まとめ**
>
> 子どもの不適応な行動に相対すると、「動かないで」「話さないで」などと、つい相手を変えようとしがちです。前述のように、体や脳の特性によるものであることも多いので相手を変えることは難しいです。自分を変える、自分が変わることで、相手は必ず変わると信じて、様々な方法を根気強く試してみてください。

【参考文献：平山諭（2011）『満足脳にしてあげればだれもが育つ！』ほおずき書籍】

授業中の支援②（理解困難）

　「障害のある児童などについては、学習活動を行う場合に生じる困難さに応じた指導内容や指導方法の工夫を計画的、組織的に行うこと」

　すべての教科の学習指導要領に上記の文言が記載されています。

　学習の基礎という面では大きく分けて３つ「読み」「書き」「計算」の障害による理解困難が考えられます。それぞれについて私が実践した支援方法を紹介します。

パート1 「読み」への理解困難支援

　「読み」（音読）が苦手ということは、Ａ視覚入力→Ｂ脳→Ｃ音声出力のどこかがうまくいっていないと考えられます。まず前提として、音読の量を減らし、一度に読まなければならない量を減らすことが大切です。ここでは代表的なＡ視覚入力に課題があるケースの支援方法について紹介します。

①暗唱

　短文を耳から入れ、Ｂ脳→Ｃ音声出力という回路を使うことにより、文を覚えて声に出せる（暗唱できる）ようになります。すると、Ａ視覚入力との情報との合致が易しくなり、Ａ→Ｂ→Ｃという音読の回路が通りやすくなります。

②語のまとまり

　長文の「読み」についてはどうしたらよいのでしょうか。語をまとまりとして捉えることが難しい場合が多いので、まとまりをわかりやすくする必要があります。支援方法としては、文節に／（スラッシュ）を入れる、助詞に〇をつけるなどの方法が考えらえます。

パート2 「書き」への理解困難支援

　「書き」が苦手ということは、Ａ視覚入力→Ｂ脳→Ｃ書くことでの出力のどこかがうまくいっていないと考えられます。まず前提として、書く量を減らし、

負担を軽減することが大切です。板書を精選したり、漢字を書く活動が「作業」
にならないようにしたり気をつけましょう。

①読み先習

　新出の漢字を学習する際、「読み」と「書き」を同時に行うことが多いので
はないでしょうか。前述のように、「読み」と「書き」は使う回路がまったく
ちがいます。漢字ドリルの「読み」から先に習い、慣れてから「書き」へと移
る指導が望ましいと考えます。

②マルチセンサリー（多感覚）で学ぶ

　鉛筆で書く前に、脳への刺激が強い指のはらを使った「指書き」で手の感覚
を使います。さらに筆順を見て声に出しながら目・口・耳の感覚を使うことで、
様々な入力を使って有効的な支援ができます。

パート 3 「計算」への理解困難支援

①マルチセンサリー（多感覚）で学ぶ

　計算というと黙ってひたすら書いて解く、というイメージがあるかもしれませ
ん。繰り上がりや繰り下がりのあるたし算や引き算、わり算の筆算となると
工程が増え、子どもたちのワーキングメモリー（作業記憶領域）への負荷が大
きくなります。そこで、筆算の解き方のアルゴリズムを声に出して唱えること
で口や耳の感覚を使うことで補うことができます。

②補助ツール

　①の支援を行っても理解が困難な子どももいます。計算の手順がわかる見本、
たし算や九九の表や下敷き、百玉そろばんなどの操作できる具体物を用意する
という支援方法があります。繰り上がりや繰り下がり、わり算におけるかけ算
の筆算などを頭の中で一生懸命計算しようとしてしまう傾向があります。補助
計算という形で、ノートに堂々と計算を書いて解かせるという方法も有効です。

> **まとめ**
>
> 　子どもたちが理解困難を抱える状態には様々な要因が考えられます。
> 前述した支援方法がうまくいかなかったときには、医療的なアプロ
> ーチも含め、別の支援方法も考えてみてください。

授業中の支援③
（作業困難）

　「読み」「書き」「計算」以外の作業においても困難さが表れる子供がきっといるでしょう。例えば、いざ算数の作図や国語の作文、図工の作品づくりなど作業の時間になったら急に手が止まってしまう子、コンパスや分度器や定規などの道具が上手く扱えない子に対してはどのような支援が考えられるのでしょうか。実践した支援方法を3つのポイントに分けて紹介します。

ポイント 1 WM（ワーキングメモリ）に配慮する

　脳の短期的な作業記憶を司るWMの容量が少ない子どもは、作業が多くなったり、複雑になったりすると、全てを手順通り、指示通り記憶して行うのが難しくなります。まず、説明したことに対して、質問をする子どもがいても、何度でも快く答えてあげましょう。質問をする子供は意欲があるのですから。また、視覚的な支援として作業工程を黒板などに残す、途中経過の作品や完成品、製図や制作過程を実物や動画で示すという支援方法も有効的でしょう。

ポイント 2 協調運動・微細運動を補うツールを用意する

　異なる感覚や異なる複数の体の部位を使って動く協調運動、指先などを使った細かい動きする微細運動を苦手とする子どももたくさんいます。しかし、それを求められる活動が学校では非常に多いのです。例えば、ノートに文字を書くこと一つとってもそうです。体づくりで発達を促す支援方法もあるのですが、ここでは、すぐに取り組める支援方法として、支援ツールを紹介します。

①スーパーコンパスくるんパス

　一般的なコンパスに比べてグリップ部分に工夫があり、円が非常に描きやすいです。

②カラーマスノート

　国語でいうマスの中の「4つの部屋」それぞれに色が塗られていて、文字全体の形を視覚的に捉えやすくなっています。

③百玉そろばん

　指先の細かい作業を苦手とする子供にとってブロックの操作は難しさがあります。百玉そろばんであれば、操作が易しく、視覚的な支援としても非常に有効です。

ポイント 3 型の指導

　型のない状態での「自由」ほど、子どもを困らせるものはありません。型を示し、型を習得した上での「自由」が必要だと考えています。

　年度初めにノートの書き方の型を伝えます。

　例として、国語の俳句を作る授業であれば、パロディのように三句目だけ変えるところから始めます。三句目を変えることができたら、次は三句目も変えるといったようなスモールステップで型を習得させ、その上で「自由」に作業させることが有効だと思っています。

まとめ

　実際の作業というよりも、「何が分からないか分からない」「どうしたらいいか分からない」という子どももいます。そんな時は、子どもに対して、教師が対話を通して困り感を引き出すと良いと思います。より容易な端的な言葉で説明したり、図で示したり、「どうしたいの?」と相手の気持ちを引き出したりしながら、お互いの納得解を生み出していけると良いと思います。

授業中の支援④ （不安傾向）

　不安があって活動に参加ができない子、作業が進められない子、そもそも教室に入れない子、学校に来れない子。「不安」という言葉一つとっても、その原因は様々で、複数絡み合っている場合もあります。ここでも基本的な支援方法について触れますが、学級が子どもにとって安心・安全の場であることが土台にあって成り立つものです。

ポイント 1　セロトニン対応

　主に脳から分泌されるセロトニン（癒し系神経伝達物質）の量を増やす対応をすることにより、神経の伝達スピードが上がり子どもの不安感が緩和されると考えられています。本書の執筆者の一人でもある、渡辺道治氏の示した頭文字を並べたキーワードでぜひ覚えてください。

セロトニン5
"ほほはさみ"
①ほ　ほめる
②ほ　ほほえむ
③は　話しかける
④さ　さわる
⑤み　見つめる

①詳細は前述の『10割ほめる』をご覧ください。
②気をつけなければならないのは"ニヤニヤ"にならないようにする、ということです。表情の作り方、歯をどれぐらい見せるかに気をつけましょう。
③ここで言う"話しかける"は受容と共感を相手に示すための手段です。「そうそう」「そうだよね」など「そ」を使った言葉から入るのがおすすめです。

④「肩にポンと触れる」「ハイタッチをする」「背中をさする」「握手をする」などが考えられます。物に触れることで安心感を得られる子供もいます。「センサリーグッズ」と呼ばれる物を用意するのも効果的です。

⑤「目は口ほどにものを言う」という言葉があるように、温かな眼差しを子どもに向けることができれば、子どもは安心します。監視や管理をするような「見つめる」にならないように気をつけましょう。

ポイント 2 見通しをもたせる

　初めてのことや新しいことに対する不安は誰しも経験があることと思います。

　もし自分が不安な状況であった場合、どんな支援をしてほしいかを考えた上で、子供に寄り添った対応を考えてみてください。具体的には以下のような支援が考えられます。

①初めてのことや新しいことについては予告する

②実際に授業や課題の内容や活動の流れを示す

③ゴール（目標や完成物など）を示す

　不安な点については相談して予め決めておいたり、複数の手段を提示して本人に選択させたり、合意形成や自己決定のプロセスが大切になります。また、失敗や間違いに対する不安がある子も多いので、その価値について常日頃から伝えていくと共に、失敗や間違いをした際にはどんな手立てがあるのかを伝えておくことも本人の不安軽減につながると思います。

まとめ

不安をもつ子どもに対して「考えすぎだよ」「大丈夫だよ」といった声がけは、ときに反感や反発を生むことがあります。教師が子供の気持ちを受け容れ、寄り添った対応をすることが安心感を生む前提になると思います。

【参考文献：平山諭（2011）『満足脳にしてあげればだれもが育つ!―家庭や職場でも使える対応スキル満載』ほおずき書籍】

学習規律①聞く姿勢

　授業では「学習規律が大切」とよく言われます。では一体、学習規律はなんのために整えることが大切なのでしょうか？　私は「学級集団で学びを充実させるためのきまり」だと考えます。私は特に、「聴き方」と「発表の仕方」について学習規律が定着できるように心がけています。

ポイント 1 聴き方

　私は、掲示物を使い、次の5つのポイントを押さえて聴き方の指導をしています。

①正対	…	体を向ける	
②視線	…	目を合わせる	
③姿勢	…	手はひざ	
④反応	…	あいづち	
⑤尊重	…	自分の意見も相手の意見も	

　教師や友達が話し始める前に「正対しましょう」「視線を集めましょう」「姿勢を整えましょう」「反応しましょう」「意見を尊重しましょう」と、声をかけます。
　ここで、声かけに応えてくれない子ではなく、応えてくれた子に着目します。「正対してくれてありがとう」「視線を集めてくれてありがとう」…と、ポジティブな声かけをします。
　その後、「傾聴の5ポイントを意識するとどんないいことがある？」と、よさを共有します。

ポイント 2 発表の仕方

　聴き方と同様、掲示物を使い、次の5つのポイントを押さえて発表の仕方を

指導しています。

①「上向きの声」で話す
②「棒」と「こそあど言葉」を使う
③「句点（。）」を多様する
④「〜ですよね？」と確認する
⑤「〜は何ですか？」と質問する

まずは教師がこの掲示物を使いながら話し方の見本を見せ、反応の仕方を練習します。教師が少し高い声で話しながら「棒」を使い、「先生は昨日カレーを食べました。カレーって美味しいですよね」と、④を指します。子どもには、「ハイッ」と反応をしてもらいます。練習した後は、日頃から教師がこの話の仕方を意識して話します。

子どもが発表するときに「上向きの声で話しましょう」「棒を使いましょう」「文を短くしましょう」と声をかけたり、発表のときに「〜ですよね」「〜がなんですか？」という言葉を入れさせたりします。

ポイント 3 　学習規律の目的をしっかりともつ

気をつけなければならないのは、「学習規律の目的」です。気づくと学習規律は「ピシッとさせる」ことが目的になってしまいます。見た目を整えるのではなく、子どもの学びを充実させるための学習規律だということを忘れてはいけないと考えます。

まとめ
①「聴き方」を指導する
②「発表の仕方」を指導する
③学習規律の目的をしっかりともつ

学習規律②音読の指導

みなさんは、音読にはどんな目的があるとお考えでしょうか。私は、

①文章が正しく読めるようになる
②語彙力が向上する
③学習の意欲が高まる

だと考えます。音読がうまくないときや、黙読ばかりしているうちは、読めない文章を読み飛ばしたり、文章を読み間違えたりしてしまいます。また、知らない言葉があったら文章の意味を理解することができません。そこで、音読をすることで、文章が正しく読めたり語彙力を向上させたりしていきます。

ポイント 1 音読のポイントを押さえる

私は、次の3つのポイントを意識して音読をさせています。

・上向きのハッキリした声で読む
・息をしっかりと吸う
・文字を正しく読む

まずは声のイメージです。少し高めの上向きの方向を意識させ、ハッキリした声で音読するように伝えます。

次に息をしっかりと吸うことです。声のイメージだけでは、声を出せるようにはなりません。息をしっかりと吸うことが大切です。何も指導しなければ子どもは息を吸う意識は低いままです。ですので、息をしっかりと吸わせ、音読をさせます。

そして、文字を正しく読むことです。漢字の読み方や言葉など、正しく読めないことが多いので、文字を追って正しく読めるように意識をさせます。

ポイント 2 練習をする

音読のポイントを押さえたら、練習をします。

①教師が見本を見せる
②子どもに音読をさせる
③色々なパターンで練習をさせる

　子どもに読ませたい部分をまずは教師が読んで見本を見せ、その後に子どもに音読をさせます。音読をさせた後は、「もう少し声を上向きにしましょう」「息をもっと吸ってごらん」「言葉を正しく読むよ」など、ポイントを伝えます。伝えた後に「もう１回読んでみましょう」と、繰り返し練習をします。
　子どもの練習は、全体だけでなく、個人や列ごとなど、色々なパターンで練習をさせます。練習のパターンを色々と変えることで、全員が音読の練習ができるようにしていきます。

ポイント 3 普段から意識をする

　音読で身につけた力を国語の授業だけで終わらせません。算数の授業だったら、問題文を読むときに３つのポイントを意識させることができます。社会は文章や資料から正しい情報を読み取るために３つのポイントを意識させます。理科なら、実験や観察の仕方を正しく理解させるために、３つのポイントを意識させます。
　国語の学習で身につけた音読の仕方は、国語の学習のためだけでなく、他の学習に生かすためでもあります。

まとめ

①音読のポイントを押さえる
②練習をする
③普段から意識をする

【参考文献：土居正博「クラス全員のやる気が高まる！音読指導法」(明治図書出版)】

学習規律③丁寧さ

　学習規律には、「聴き方」や「話し方」、「音読の仕方」など、直接学習に関わることだけではなく、間接的ではありますが、大切な学習規律があります。色々な学習規律があると思いますが、今回は、

①授業を始める時間
②始まりと終わりのあいさつ
③身の回りの整理整頓

の３つの学習規律をご紹介します。

ポイント 1 授業を始める時間

時間通りに授業を始めるのに心がけているのは次の３つです。

・「時間通りに始める」の基準を決める
・次の時間の準備をして終わらせる
・呼びかけ係を決める

　子どもたちにとって、「時間通りに始める」の基準は子どもによって曖昧です。そこで、学級全体で共通の明確な基準を決めます。私は、「チャイムが鳴り終わるまでに始まりの号令をかけよう」と伝えています。
　前の授業の終わりの時間に次の時間の準備をしてから終わらせます。そのときに、「ノートを開いてから休み時間にしましょう」と声をかけることで、次の時間にスムーズに授業を始めることができます。

ポイント ② 始まりと終わりのあいさつ

始まりと終わりのあいさつは、次の2つを意識します。

①時間を必ず守る
②「ハイ」と教師が合図するまでは止まっている

　始まりと終わりの挨拶は、賛否両論があります。否定の方の意見もわかりますが、私は賛成派ですので、今回は賛成派の立場でご紹介いたします。

　前のポイントでもご説明しましたが、始まりと終わりの挨拶は、必ず時間を守るようにします。時間を守ることで休み時間と授業の時間のメリハリがしっかりとつきます。特に大切にするのが終わりの時間です。終わりの時間は教師次第で時間を守れます。教師が終わりの時間を守ることで、子どもは始まりの時間を守ってくれるようになります。

　あいさつが終わった瞬間にすぐに動き出してしまう子がいます。ですので、教師の「ハイ」の合図があるまで動きを止めることで、落ち着いた雰囲気をつくることができます。

ポイント ③ 身の回りの整理整頓

　学習を前向きにするのに大切なのが「身の回りの整理整頓」です。身の回りが乱雑であると、学習に集中することができません。ですので、授業が始まるあいさつをした後、

　「机の上に必要なものだけを出しましょう」

　と言って整理整頓をする時間をとります。片付けが苦手な子やできない子に対しては、教師が一緒に整理整頓をして身の回りの環境を整えます。

> **まとめ**
> ①授業を始める時間
> ②始まりと終わりのあいさつ
> ③身の回りの整理整頓

子どもたちが発言する方法の選択肢

（1）挙手指名

　最もオーソドックスな方法です。教師が発問し、手を挙げた人の中から指名します。子どもたちの理解度や関心を手軽に確認することができる方法です。一方で、挙手をする子が固定化してしまうことが多いです。また、内向的な子どもたちにとっては、挙手のハードルが高い場合もあります。

（2）意図的指名

　ノートなどに子どもたちの考えを書かせたあと、教師が机間巡視をして、指名順を考え、指名していきます。考えが異なる子どもを順に当てたり、考えが深まっていったりする順に当てることができるため、授業の流れをある程度コントロールすることができます。一方で、教師が特定の子どもを頻繁に指名してしまうと、その子どもの意見や考えが強調され、他の子どもたちの意見が見過ごされる場合があるので注意が必要です。

（3）相互指名

　教師が発問したあと、挙手をした内の最初の一人だけは先生が指名し、あとは子どもたち同士で当て合い、発言を引き出していきます。とにかくたくさんのアイデアを出してほしいときなどは、教師は板書に集中ができ、テンポよく

授業を進めることができます。一方で、子どもたち同士が意図なく当て合う状態になってしまうため、話し合いに深まりが生まれにくいというデメリットもあります。使い所に注意が必要です。

（4）列指名

　列の前から順に・・・というように指名をしていく方法です。「次に当たるのは自分」と分かっているため、指名に備え準備することができます。一方で、当たることに対して、プレッシャーを感じる子どももいるため、「パス」という選択肢を与えるなど工夫が必要になります。また、当たらないことが分かっている子にとっては集中力を欠く時間になってしまう可能性もあります。

（5）班指名

　班ごとに指名をする方法です。発表者に関しては、「班の代表1人が発表」「班の中で順番を決めて発表」などバリエーションは様々です。発表することが事前にわかっているので、チームワークが促進されることもあります。また、意見が言いにくい子に関しては「班の中の誰かの意見を言ってもいい」などの条件を付け加えることで発言へのハードルを下げることもできます。列指名同様、当たらないことがわかっている子への注意は必要です。

（6）ランダム指名

　文字通り、くじ引きなどを使って、ランダムに当てる方法です。誰が当たるかわからないというワクワク感があり、授業が盛り上がります♪ただし、列指名同様、「パス」という選択肢もアリにすることが大切です。ブラウザで使える「ルーレット」はとても盛り上がりますので、子どもたちに疲れが見えるときなどに試して見てください。（ウェブで「ルーレット」と検索すると出てきます）

まとめ

　指名方法一つとってもメリット・デメリットがそれぞれにあります。授業のねらいや流れに応じて選択することが大切です。

指名のテクニック②
子どもたちが発言したくなる仕組み

　私は初任者のとき、隣の学年主任のクラスと自分のクラスを比べ、「発言が少ないな…」と悩んでいたことがありました。きっとこれは誰しもが通る道です。子どもたちの発言を活発にするためには、「個人の発言力を高める」ことと「発言しやすい学級集団をつくる」ことを両輪で行う必要があります。また、教師の指導技術の向上も大切な要因です。このページではそんな、子どもたちが発言したくなる仕組みをご紹介します。

〇授業以外の場で

テクニック 1 　オープンクエスチョンで発言の機会を増やす

　朝の会の時間などを使い、話し合い活動の場を設けます。2〜4人組で、「もしもタイムマシンがあったら、過去に行きたい？　それとも未来に行きたい？　その理由は？」というような、思わず子どもたちが話したくなるテーマで話し合いを行います。答えがない問いのため、意見が言いやすく、発言の機会が増えます。みんなの前では意見が言いづらい子も、「話しやすい話題＋小集団」という仕組みで、発表に対する抵抗が少しずつ緩和されていきます。

テクニック 2 　学級会で話し合う

　中学年以上であれば、4月当初に、「みんなが話しやすい雰囲気にするためには？」というテーマで話し合いをすることもおすすめです。「間違えた人を笑わない」「話す人の方をしっかり見る」というようなルールを子どもたち自身で考えることができれば、そのルールを軸に1年間学級経営を進めることができます。

※NHK for School「お伝と伝じろう」（コミュニケーションの本質を考える番組）
　を視聴することもおすすめです。1話10分のため、隙間時間に視聴できます。

○授業中

テクニック **3** 質問のハードルをとにかく下げる

授業冒頭で「今、取り組んでいる単元名は何だった？」「昨日のまとめは？」
など、教科書やノートを見返せばすぐにわかるものを聞くことで、全員が手を
挙げる状態をつくり、活発な状態で授業をスタートできます。

テクニック **4** 机間巡視で個別に価値づけ

挙手指名の前に、机間巡視で子どもたちの考えをチェックしていきます。そ
の際、赤ペンで子どもたちのノートに直接、線を引いたり、花丸をつけたりし
ていきます。さらに（小声で）「この考え方の人は誰もいなかったよ」「この〇
〇の部分が素晴らしいね。ぜひ、みんなに伝えてあげてほしいな」などと子ど
もたちが思わず、ニヤッとしてしまいそうな言葉かけとともに、価値づけをす
ることが大切です。「先生にほめてもらえた」という自信は、発表につながり
やすくなります。

テクニック **5** 子どもたちの興味を惹くテーマ設定

４年国語「思いやりのデザイン」（光村図書）での実践例

この説明文の学習では「対比」という技法を学びます。そこで、まずは、「自
分の好きなもの」で対比する課題を提示しました。子どもたちは「野球選手」
「食べ物」「キャラクター」など嬉しそうにベン図にまとめていました。その後、

挙手を求めたところ、ほぼ全員が手を挙げ
ていました。自分にとって身近なものを取
り入れることで、自然と対話が広がりま
す。学習の中でこのようなシーンを意図的
につくり出すことで、学習に不安がある子
にも活躍の機会を与えることができます。

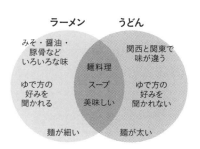

ラーメン　　うどん

みそ・醤油・
豚骨など
いろいろな味

ゆで方の
好みを
聞かれる

麺が細い

麺料理
スープ
美味しい

関西と関東で
味が違う

ゆで方の
好みを
聞かれない

麺が太い

> **まとめ**
> 個人の発言力を高めつつ、発言しやすい集団をつくっていきましょう。

伝え合うことの大切さを実感しよう

　話し合うことは、自分の考えを広げたり深めたりできるよさがあります。話し合いを学ぶ第一歩として、そのよさを子どもたちが実感できる授業を行いましょう。

　国語の授業開きを想定して、「下の図の中から漢字を見つけてみよう」という課題の授業を通してお伝えしたいと思います。

ステップ 1 最初に自分の考えをもつ

　「みなさん、図の中から、漢字を一人でできるだけたくさん見つけてください。時間は、1分間です」と指示を出します。子どもたちは、今まで習った漢字を思い出し

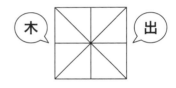

ながら、図の中に漢字を見つけます。ここでは、ノートに自分が思いついた漢字を書きます。「自分の考えをもつことで、友達のことも気になってきますね」と伝えて、話し合いたいという思いをもたせます。

ステップ 2 同じ分量で話すように伝える

　1分後、「お隣同士で見つけた漢字を順番に伝え合いましょう」と指示を出します。同じ分量話すことで、片方が聞き役でも話し役でもなく、両方がその役割を果たします。お互いが助け合っていることを実感できます。「かわりばんこに」伝えましょう、もしくは「時計回りの順番で伝えましょう」のような指示があると、自分が考えたことを全員が平等に話せます。また、話をしている人のノートを見たり、顔を見たりして受け止めることが大切だということも伝えます。私は話を聞くときは、「話している人に鎖骨を向けましょう！」と言います。「話す人は、話を受け止めてくれることが実感できると、安心して

伝えられます。それがこれからの話し合いがうまくなっていく秘訣です」とも
伝えます。

ステップ **3** 話し合うよさを実感する

　何度か、話し合いをした後に、「一人で考えたときより増えた人はいます
か？」と聞くと、多くの子どもたちが手を挙げます。自分のノートには、話し
合った成果として、たくさんの漢字が書かれています。「一人で学んだことを
伝え合ったことで、みんなの学びが広がりましたね」と話し合うことを価値づ
けします。

ステップ **4** 話しやすい人数のグループをつくる

　初めは２人での話し合い合いから始めて、最大でも４人のグループにすると、
全員が話す機会がもちやすいです。２人組も隣同士、前後、斜めなどパートナ
ーを変化させます。４人グループのときには、先生に一番近い人から、時計回
りに話してください」のように指示を出すと、話し合いがスタートしやすいで
す。

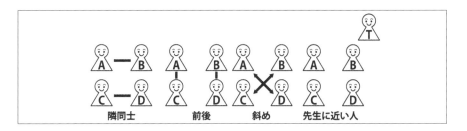

```
隣同士        前後      斜め    先生に近い人
```

まとめ

「話し合って学ぶことに価値がある」ということを伝え実感させ続
けていくことが大切です。そんな学習の場面をつくり、価値を伝え
ていきましょう。

話し合いのテクニック②
伝えたい思いを育てよう

　話し合いを支えるのは、自分の思いを伝えたいという気持ちと、受け止めたいという気持ちです。進んで話し合い聞き合うように、学習の場面と学級活動の二つの場面でどのように取り組んだらよいかをまとめました。

(ポイント) 学習の場面で伝えたい思いを育てよう

　学習の場面で伝え合うよさを感じるために、まずは短時間の交流の場を設定します。「お隣同士で、30秒ずつ、合わせて1分で今日の感想を伝え合ってみよう」というくらいの短さから始めます。そのときには、「お話を聞く人は聞き方がとても大事です」と言って、聞き方や聞き上手な人の言葉を伝えて、何度も短い交流の時間を繰り返します。そうすると、話すことへの抵抗や不安が薄れていきます。また、授業に活気が生まれていきます。

　少しずつ時間を長くしたり、3人4人と人数を増やしていったりすると、いろいろな意見を聞く場がつくれます。

＜子どもに示す聞き方＞

うなずきあいづち　　　　　　　　　　　　くりかえし

うんうん

Aがいいと思ったのね

ぼくはAがいいな

＜聞き上手な人の言葉＞

共感する　　「いいね」「私もそう思う」

言い換える　「Aさんの言ったことは、別の言葉だと○○ということですね」

まとめる　　「Bさんのいうことをまとめると、○○だね」

質問する　　「もう少し詳しく言うとどうなるの？」「○○については、どう思う？」

　聞き方は低学年から、取り入れることができます。

　言い換え、まとめ、質問するなどは、初め先生が子どもたちの発言を深めるために行います。話し合いのときに、例を示しながら徐々に使えるようになっていくとよいでしょう。

ポイント　話し合いで決まったことが生活に生かされる喜びを味わわせよう

　子どもの頃に教室で行ったお楽しみ会が思い出として残ってはいませんか？みんなで遊びたいことを話し合って決めた椅子取りゲームやお絵描きゲームなどは、とても楽しかったと思います。

　お楽しみ会は、ぜひ取り組んでほしいです。自分もみんなも楽しめる時間にするという目的に向かって話し合いが進められます。

　①小グループで話し合った後に、全体に意見を出し合う。

　②それぞれの意見に対して、賛成や反対の意見があれば伝える。

　③どの遊びをしたいのかを一人ひとりが決定する。

　④みんなの意見としてまとめていく。

　どんなお楽しみ会を目指すのかを念頭に置いて話し合うことが大切です。「それはみんなが目指す楽しみ会になりそう？」と先生が問い返すことで、目的に沿った話し合いになります。みんなで意見を出し合って決めたことを実行できる喜びが、話し合いたい、伝え合いたいという思いを育てます。

まとめ

　伝え合うよさ、話し合う喜びを知ることで、子どもたちは主体的に自分の思いを伝えたり、相手の思いを受け止めたりするようになります。そして、話し合いを通して、その人を知る機会にもなります。

話し合いのまとめ方を伝えよう

　伝え合うよさを自覚した子どもたちは、問題解決の場面でも話し合いができるようになってきます。

　高学年になるとリーダーとして、異学年の子たちの意見を引き出して、まとめていく場面があります。リーダーとなる高学年に自信をもって話し合いを進められるように、手順と結論の出し方のイメージを伝えます。リーダーが、この課題ではどの形でまとめることが適切なのかを考えられるようになると、話し合いの結論に辿りつきやすくなります。

(ポイント) 話し合いの流れを伝える

　最初のうちは、進行表を用意しておきます。②のゴールは議題として、黒板に書いておくと何を話し合っていたかに立ち返ることができます。

　⑤の決定の仕方については、次のページにある、決め方のイメージの中で、適切なものを選ぶようにします。

⑤決め方を選ぶ

①どれかから一つを選ぶ。多数決。
「この中から、一つ選んで手を挙げてください」

②共通しているところを見つける。
「3つの意見とも○○について言っているので、○○としてもいいですか?」

③それぞれの意見のよいところを見つけて合わせる。
「それぞれの意見のAとBとCの合わせて○○としてもいいですか?」

④それぞれの意見を合体させる。
「それぞれの意見をすべて合わせて○○としてもいいですか?」

⑤それぞれの意見を全体的に見て、別の言葉でまとめる。
「それぞれの意見をすべてみると○○と言えるので、そのようにまとめていいですか?」

まとめ

最初のうちはどんな言葉でまとめたらよいかも参考にして、班での話し合いでも使えるように進行表をラミネートして、教室に置いておくとよいでしょう。慣れてくると必要がなくなります。

【参考文献:『心理テクニックを使った!学級が激変するダダクマ会議』阿部真也　著（東洋館出版社）】

授業の腕を磨くには…

「どうしたら授業がうまくなりますか？」

教師になってから何人もの先輩たちに尋ねてきました。

その際、何度も同じことを言われてきました。

「授業をするしかない。目安は100回」

その言葉を信じて、100回以上の研究授業をやってきました。

結果的に、授業の腕を少しは磨くことができたと思っています。

その一方で、ただがむしゃらに研究授業をやればよいわけではないことに、途中から気づき始めました。

授業の腕を磨く上で、若い頃の私に足りなかったポイントを3つ紹介します。

ポイント 1 自分が尊敬する先生に授業を見てもらう

授業を一人でやっても、どこがよくて、どこがダメなのかは、わかりません。

だからこそ、自分の身近にいる尊敬できる授業のうまい先生にご指導いただくことが大切です。

当然、そのような場での授業は緊張するでしょう。

しかし、この緊張場面での授業に何度も挑戦し、たくさんの恥をかく経験の中で、自分の授業力は磨かれていきます。

「授業をするので、ご指導いただけませんか？」

そうやって、学びの場を自分から求める人は間違いなく成長していきます。

ポイント 2 素直さがあること

授業を見てもらうと、当然指導をいただく場面もあるでしょう。

そのとき、指導していただいたことを、素直に受け入れることが大切です。

「でも…」「だって…」

そんな風に、素直さがなければ、何度授業をしても成長はないでしょう。

もちろん、自分とは考えがちがうときもあるかもしれません。

ですが、一度はそのアドバイスをもとに、試してみましょう。

試してみて、ちがうと思ったことはやめるべきです。

しかし、やってみないとわからないこともたくさんあります。

ポイント 3 学び続ける

初任者の頃は、週に１回指導案を書き、毎週指導担当の教師にしっかりと指導を受ける自治体も多いはずです。

しかし、２年目になると、この指導を受ける機会は極端に減ります。

その流れの中で、誰かから学ぶことや授業を見てもらう機会も、自然と減っていきます。

結果的に、日常の忙しさに追われて、自分で学ぶことを止めてしまう人も多くいるのです。

これでは、授業の腕は決して磨かれません。

そうではなく、様々な方法で授業について学び続ける人だけが、授業の腕を磨くことができるのです。

本を読む、職場の先生の授業を参観する、自分の授業映像を撮影して見直す、勉強会に参加するなど、学び方はたくさんあります。

自分に合った方法を選択しながら学んでみてください。

そして、一つひとつの学びをどれだけ継続できるかが授業の腕に直結します。

学び続けた先にしか、教師の成長はないのです。

まとめ

初任者や若い先生は、まずは職場で授業がうまい先生を探してみましょう。もし見つけたら、その先生の授業をたくさん参観してみてください。自分にとってあこがれをもつことは、授業力を高めるきっかけになります。

刊行に寄せて

コロナが猛威を振るい始めた2019年冬。
私は人生で初めて本格的にSNSを使い始めました。

きっかけは、ある先生からの「お願い」でした。
元々SNSの類が嫌いであり、あらゆるアプリの使用を避けて通ってきた私に、
「先生がSNSで発信すれば、きっと多くの人の力になるはずです！」
と力説してくれる方が現れたのでした。
ここまで強くお願いされて意固地に使わぬのもどうかと思い、試しにという
形で始めてみたのが2019年末の出来事です。

その後、コロナショックは想像をはるかに超える規模で世界を襲いました。
学校における教育活動にもあらゆる制限がかけられ、人と会うこと、触れ合
うこと、そして学びを得ることにも甚大な規制がかけられました。
それでも尚、「もっと学びたい」「もっと知りたい」という先生方の知に対す
る熱は消えませんでした。消えるどころか加速した面すらあると感じています。

何か子どもたちのためにできることはないか。
今の状況の中で私たちには一体何ができるのか。

オンラインを活用した学びの場も加速的に増え、その中で積極的に情報交換
がなされるようになりました。
かくいう私も、その頃からたくさんのオンラインセミナーを企画するように
なり、さらにオンラインコミュニティの運営も始めるようになりました。
そこに集った方々と、これまでに数々の仕事を一緒にしてきました。
参加者が500名を超える規模のセミナーを幾度も企画するようになったり、
全国各地から2000名以上が参加した共同学習を共に創ったり、一緒に本を書く
ようになったり、ラジオで話したり、サークルをつくったり。

そんな風にして、コロナによる数々の制限下においても、下を向くばかりでなく互いに知恵を出し合い、助け合いながら我々は生きたのだと思います。

　コロナが明けた後も、そのオンラインコミュニティから生まれたつながりから、リアルでのセミナーや合宿イベントが次々と実施されています。

　そして今回、「スタプロ」という形で全国の初任者を応援するプロジェクトが大きく動き始め、ついには本書が刊行されるほどのうねりとなりました。

　山崎克洋先生をはじめ、今回の本の執筆者のお名前を見ていると、コロナ禍のオンラインコミュニティのご縁からつながった方々がずらりと並んでいます。

　また、「過酷な状況にある初任者の先生方の力になりたい」という執筆者の方々の思いが各ページから確かに伝わってきて、本当に心が温かくなりました。

　大変な状況の中でも、下を向くことなく前を見て歩んできた皆さんだからこそ、このような温かな思いに包まれた本が生み出せたのだと思います。

　未来を共に歩む初任者の仲間に向けて書かれたこの優しい一冊が、多くの方の元に届くことを心より願っております。

　執筆者のみなさんに、ありったけの「ありがとう」の思いと「お疲れ様でした」のエールを添えて、刊行に寄せてのメッセージとさせていただきます。

2024年 1 月10日　渡辺道治

初任の３月。夢であった教師の仕事を目前にして、私は意気込んでいました。

「子どもたちに会える！」
「どんな生活になるだろう？」

それはワクワクでもありドキドキでもあり、同時に不安でもありました。
３月の最終週はすぐに動けるように予定は極力入れませんでした。
時間はある。４月は忙しいと聞くから３月にできることはないか。

でもなにをすればいいのかわかりませんでした。
がんばりたいという大きなエネルギーを秘めながら、何がわからないのかわからず何もできない、という不完全燃焼を起こしていました。

結局、当時の私はなんの準備もできないまま、４月に入りました。
４月からの忙しさはまさに目が回るようです。新たなことをたくさん覚えねばなりません。同時に自分の指導力も磨いていかねばなりません。
私だけでなく、後輩の新任たちもみな、この忙しさに体力的にも精神的にも追い詰められていることが何度もありました。
この忙しさを４月より前に少しでも分散できれば…。そう思っていました。

そんな折に、山崎先生の「スタプロ」を知りました。「４月より前に新任たちに研修が必要だ」という山崎先生の思いは、まったくもって私と同じでした。そして、山崎先生にはそれを具現化できる明確なビジョンとプランがありました。スタプロに賛同してくださる先生方は多く、高名な先生方も無償でプロジェクトに参加してくださいました。

教員は本質的にお人好しです。
教育とは「教え育てる」と書きます。育てた結果がすぐに表れることは稀で、１年経っても表れず、５年経ってわかるなんてこともありますし、むしろいつまで経ってもわからないということもざらにあります。生産性や合理性からは

かけ離れたところに位置するのが教育です。

　そんな教育に魅力ややりがいを感じる人々はどう考えたってお人好しです。

　でも、私はそんなお人好しな教員が大好きです。

　我が子ではない子どもと毎日ニコニコ楽しく過ごしたいと思い描く教員が大好きです。

　だからこそ、そんな教員が仕事のために心を病んでしまったり、つらい思いをしてしまうことが起きる現状をなんとかしたいと思っています。

　本書で紹介している「授業に関すること」が皆様の心を助ける一助になればこれほど嬉しいことはありません。

　しかし、本書の教育方法は本当にごく一部です。本書をきっかけにやりがいある教育の世界を知っていただければ幸いです。

　最後に、スタプロ立ち上げ期からコアメンバーとして参加させていただき、私のような若造を著書のリーダーとして抜擢してくださった山崎克洋先生、敏腕編集者として丁寧に対応してくださった北山俊臣さん、すばらしい先生方と執筆できたことを誇りに思います。ありがとうございました。そして、原稿にもアドバイスをくれ、相談にのってくださった教育サークル「まほろば」の先生方、ありがとうございました。

　多くの人に助けられて今日まで来れました。一人でも多くの"お人好し"たちがニコニコと楽しい教員生活を送れることを祈っています。

渡辺真喜

執筆者一覧（執筆順）

監修者

山崎克洋　　神奈川県小田原市公立小学校

編著

渡辺真喜　　私立天理小学校

執筆者

西川翔　　　神奈川県横浜市公立小学校

戸来友美　　北海道公立小学校

難波駿　　　北海道公立小学校

髙橋朋彦　　千葉県公立小学校

樋口純平　　宮崎県公立小学校

大﨑雄平　　京都府京都市公立小学校

初任者スタプロメンバー

岡田泰知　　長崎県公立小学校

2024年 2 月23日現在

引用・参考文献

- 土居正博（2022）『授業で学級をつくる』東洋館出版社
- 向山洋一（2015）『授業の腕を上げる法則』学芸みらい社
- 野口芳宏（1986）『授業で鍛える』明治図書出版
- 菊池省三（2022）『授業を変えよう』中村堂
- 渡辺道治（2022）『生徒指導の「足並みバイアス」を乗り越える』学事出版
- 谷和樹（2019）『教師のベーシックスキル7+3 ①』教育技術研究所
- 谷和樹（2021）『教師のベーシックスキル7+3 ②』教育技術研究所
- 『楽しい体育の授業』2017年3月号No.330「効果バツグン！「組み合わせ単元・帯学習」でつくる体育授業の新提案」明治図書出版
- 小野隆行（2018）「新指導要領に対応した特別支援教育で学校が変わる」学芸みらい社
- 小野隆行（2019）『ストップNG指導［教科別］すべての子どもを救う基礎的授業スキル』学芸みらい社
- 中村健一（2015）『策略－ブラック学級づくり　子どもの心を奪う！クラス担任術』明治図書出版
- 平成29年告示『小学校学習指導要領解説　算数編』
- 吉水裕也（監）佐藤正寿・長瀬拓也（編著）（2016）『ゼロから学べる社会科授業づくり』明治図書出版
- 澤井陽介・唐木清志（編著）（2021）『小中社会科の授業づくり　社会科教師はどう学ぶか』東洋館出版社
- 宗實直樹（2021）『深い学びに導く社会科新発問パターン集』明治図書出版
- 宗實直樹（2021）『宗實直樹の社会科授業デザイン』東洋館出版社
- 『道徳6 きみがいちばんひかるとき』光村図書
- 平山諭（2011）『満足脳にしてあげればだれもが育つ！』ほおずき書籍
- 土居正博（2021）「クラス全員のやる気が高まる！音読指導法」明治図書出版
- 阿部真也（2021）『心理テクニックを使った！学級が激変するダダクマ会議』東洋館出版社

カスタマーレビュー募集

本書をお読みになった感想を下記サイトにお寄せ下さい。レビューいただいた方には特典がございます。

https://www.toyokan.co.jp/products/5412

初任者教師のスタプロ
バッチリ授業技術編

2024（令和6）年2月23日　初版第1刷発行

監　修　山崎克洋
編　著　渡辺真喜
発行者　錦織圭之介
発行所　株式会社 東洋館出版社
　　　　〒101-0054　東京都千代田区神田錦町2-9-1
　　　　　　　　　　コンフォール安田ビル2階
　　　　代表　　TEL：03-6778-4343　FAX：03-5281-8091
　　　　営業部　TEL：03-6778-7278　FAX：03-5281-8092
　　　　振替　　00180-7-96823
　　　　URL　https://www.toyokan.co.jp

[デザイン] 小口翔平＋村上佑佳（tobufune）
[イラスト] ナーブエイト　岡村亮太
[組　　版] 株式会社　明昌堂
[印刷・製本] 株式会社　シナノ

ISBN978-4-491-05412-4　　　　　　　　　　Printed in Japan